新一轮广西一流学科建设项目——百色学院马克思主义理论学科资助

|光明社科文库|

“两新”党建理论与实践研究

以百色市为例

黄兴忠　黄东升　徐　诚◎著

光明日报出版社

图书在版编目（CIP）数据

"两新"党建理论与实践研究：以百色市为例 / 黄兴忠，黄东升，徐诚著. --北京：光明日报出版社，2023.10

ISBN 978-7-5194-7716-5

Ⅰ.①两… Ⅱ.①黄… ②黄… ③徐… Ⅲ.①中国共产党—基层组织—党的建设—研究—百色 Ⅳ.①D267

中国国家版本馆 CIP 数据核字（2024）第 011171 号

"两新"党建理论与实践研究：以百色市为例

"LIANGXIN" DANGJIAN LILUN YU SHIJIAN YANJIU：YI BAISESHI WEILI

著　　者：黄兴忠　黄东升　徐　诚

责任编辑：王　娟　　责任校对：许　怡　李海慧

封面设计：中联华文　　责任印制：曹　净

出版发行：光明日报出版社

地　　址：北京市西城区永安路 106 号，100050

电　　话：010-63169890（咨询），010-63131930（邮购）

传　　真：010-63131930

网　　址：http://book.gmw.cn

E - mail：gmrbcbs@gmw.cn

法律顾问：北京市兰台律师事务所龚柳方律师

印　　刷：三河市华东印刷有限公司

装　　订：三河市华东印刷有限公司

本书如有破损、缺页、装订错误，请与本社联系调换，电话：010-63131930

开　　本：170mm×240mm

字　　数：120 千字　　印　　张：9

版　　次：2024 年 4 月第 1 版　　印　　次：2024 年 4 月第 1 次印刷

书　　号：ISBN 978-7-5194-7716-5

定　　价：85.00 元

序　言

所谓“两新”，即新经济组织和新社会组织，是伴随中国特色社会主义市场经济不断发展而诞生的，其党建工作也随之发展而逐步建立、覆盖。“两新”组织党建工作作为基层党建的重要组成部分，需要不断发展与完善。

进入新时代以来，习近平总书记对基层党建工作尤为重视，要把“两新”党组织建设成为实现党的领导的坚强战斗堡垒，培养优秀基层党建工作骨干，为“两新”组织党建工作的展开打好坚实基础。2022 年 7 月，习近平总书记在中央统战工作会议上指出，“要促进非公有制经济健康发展和非公有制经济人士健康成长，深入开展理想信念教育和社会主义核心价值观教育，帮助他们践行新发展理念，弘扬企业家精神，做合格的中国特色社会主义事业建设者”。

当下，我们正在为全面建设社会主义现代化国家、实现第二个百年奋斗目标而不断奋斗，需要我们完整准确全面贯彻新发展理念，积极构建新发展格局，全力推动高质量发展，不断加强党的组织建设，为加快推进中华民族伟大复兴进程提供坚强保证。“十四五”时期，“两新”组织在推动创新、增长就业、改善民生等方面的作用更加突出，“两新”组织党建工作的紧迫性与重要性也日益凸显。然而，组织覆盖面窄、党员流动性大、党建与业务工作融合不足等实际问题仍旧在不同程度上制约着“两新”组织发展。为了破除这些问题，必须坚持党建引领，以提升党组织组织力为着力点，加强“两新”组织党建工作，以党的思想建设丰富和深化“两新”组织企业文化的内涵，培育和践行社会主义核心价值观，帮助广大员工坚定理想信念，增强自立自强意识、公平竞争意识、效率效益意识和学习创新意识，使广大员工树立大局意识、增强组织观念、强化集体主义思想，推动“两新”组织高质量发展。由此，“两新”组织党建工作是新时期基层党建工作的一个前沿课题。

本研究以“两新”组织为主线，首先，简要述明“两新”组织的产生背景、任务及研究缘起；其次，根据“两新”组织党建自身建设的理论，梳理了“两新”组织党建发展与实践特点，以百色市“两新”组织发展为分析对象，以达到解剖麻雀的作用。本书主要框架是：第一章“两新”组织党建任务的提出；第二章“两新”组织党建工作的地位、作用和目标；第三章“两新”组织党建工作的指导思想、基本原则和重点任务；第四章突出以“互促”思维开展“两新”组织党建；第五章百色市“两新”组织的发展；第六章百色市“两新”组织党建面临的问题和挑战；第七章高质量推进百色市“两新”组织党建工作路径。

目 录

CONTENTS

第一章

“两新”组织党建任务的提出

改革开放以来，我国经历了计划经济体制向市场经济体制的转变，政府与市场、政府与社会的关系面临着深刻的变化和调整，新型社会生产组织单位不断出现并日益发展。随着我国城市规划和建设的不断成熟，楼宇经济和新型社区也逐渐成为整个社会活动的重要单元。对此，在“两新”组织日益成为我国经济社会发展的重要组成部分的同时，新的经济基础和具体的生产建设条件对加强与改善党的领导、增强党的阶级基础、扩大党的社会基础、巩固党的执政基础提出了新的要求。随着中国特色社会主义进入新时代，党的建设有了新的内涵和要求，解放思想、与时俱进地探索在“两新”组织开展党建工作，成为新时代加强党的先进性建设和党的执政能力建设的一个重大课题。

一、改革开放以来，社会主义市场经济的发展是“两新”组织存在并发展的客观基础

“两新”组织，是新经济组织和新社会组织的简称。具体而言，新经济组织，是指在发展社会主义市场经济过程中，我国公民私人（不包括港澳台）、港澳台商、外商全部所有或绝对控制的新出现的经济组织形态。从所有制特征上看，现行法律、法规把这类经济组织统称为“非公有制经济组织”。新社会组织，是指改革开放以来，我国在社会主义市场经济发

展过程中新涌现出来的相对于政党、政府等传统组织形态之外的各类民间性的社会组织，包括中介组织、社会团体、基金会、民办非企业单位以及各类群众团队，但从概念上去理解，“两新”组织与社会主义市场经济密不可分，而加强“两新”组织的党建工作也正是建立在“两新”组织客观存在和发展的基础上。

（一）加强党的建设必须密切联系党的政治路线

中国共产党历来重视党的建设，而党的建设离不开党所处的环境和任务。自党成立以来，历经磨砺，领导中国人民取得了新民主主义革命的彻底胜利，建立了新中国；接着，又领导人民进行社会主义革命和社会主义建设，取得了伟大成就。在党的事业发展的同时，党自身也在不断发展、壮大，党的建设已经成为党的一项重要法宝，而密切联系党的政治路线、加强党的建设也成为指导党建发展的重要原则。历经100余年的奋斗，中国共产党领导了中国的政治革命及社会革命，进而继续领导国家的发展建设及改革的各项事业；并从在内外封锁条件下采取计划经济体制领导国家建设的党，转变为在长期对外开放条件下采取社会主义市场经济体制领导国家建设的党。这就意味着客观上党需要从理念、结构乃至活动方式等方面进行一系列的变革，需要将治国理政能力作为基本能力之一。

在历史唯物主义的基本框架下，上层建筑从来都是经济基础的反映。从执政以后，中国共产党就将经济建设作为国家建设的重要部分。党的十一届三中全会以来，随着全党的工作重心转移到经济建设上来，并开始由封闭、半封闭到对外开放，由计划经济向市场经济转移，党也面临着新的挑战，即处理好坚持党的领导与发展社会主义市场经济的关系。

在建设社会主义的过程中，必须立足本国国情，总结实践经验，根据社会生产力的现实水平和进一步发展的客观要求，自觉调整生产关系中与生产力不相适应的部分，调整上层建筑中与经济基础不相适应的部分，这就是社会主义的改革。同时，必须实行对外开放，学习各国包括发达资本主义国家的先进技术和经营管理经验，引进资金，聘请人才，以增强社会主义的实力。能否将党建设成为具备发展社会主义市场经济能力，又具备协调利益、兼顾内外、整合社会、团结群众、促进发展等各项本领的党，成为一项重要且必须被攻破的历史性课题。“两新”组织的党建任务，就是在这一历史性课题的脉络下进一步阐发而来的。

（二）“两新”组织是对中国特色社会主义市场经济的能动反应

“两新”组织是新经济组织和新社会组织的简称。新经济组织即私营企业、外商投资企业、个体工商户、混合所有制经济组织等各类非公有制经济组织。回顾新经济组织的提出与发展，和改革开放的历史脉络可谓高度吻合。1980 年 8 月 17 日，中共中央转发全国劳动就业会议文件《进一步做好城镇劳动就业工作》，明确提出“鼓励和扶持城镇个体经济的发展”，并指出“这种个体经济是社会主义公有制的不可缺少的补充，在今后一个相当长的历史时期内都将发挥积极作用”①。1981 年 6 月，中共中央《关于建国以来党的若干历史问题的决议》明确指出：“国营和集体经济是中国基本的经济形式，一定范围的劳动者个体经济是公有制经济的必要的补充”，强调“必须实行适合于各种经济成分的具体管理制度和分配制度”②。1982 年 12 月，中国人大五届五次会议通过的《中华人民共和国宪法》第十一条规定：“在法律规定范围内的城乡劳动者个体经济，是社会主义公有制经济的补充。国家保护个体经济的合法的权利和利益。”③ 在宪法框架下，个体经济开始在中国迅速发展。1984 年，《中共中央关于经

① 原劳动人事部培训就业局，国家工商行政管理局个体经济司．发展城镇集体经济和个体经济政策文件选编［M］．北京：劳动人事出版社，1983：8.

② 中国共产党中央委员会关于建国以来党的若干历史问题的决议［M］．人民出版社，1981：55.

③ 中华人民共和国宪法（1982 年 12 月 4 日）［EB/OL］．［2022-08-20］．http：//www.npc.gov.cn/zgrdw/npc/zt/qt/gjxfz/2014-12/03/content_ 1888093.htm.

济体制改革的决定》第一次系统阐述了党在现阶段对发展个体经济的基本指导方针，指出“坚持多种经济形式和经营方式的共同发展，是我们长期的方针，是社会主义前进的需要”①。1987 年 11 月，中共十三大明确提出鼓励发展个体经济、私营经济的方针。1988 年 4 月，七届人大一次会议通过宪法修正案，确定了私营经济的法律地位和经济地位。宪法第十一条增加了“国家允许私营经济在法律规定的范围内存在和发展。私营经济是社会主义公有制经济的补充。国家保护私营经济的合法权利和利益，对私营经济实行引导、监督和管理”② 的条文。1992 年 12 月，中共十四大明确了中国经济体制改革的目标是建立社会主义市场经济体制，并提出要以公有制包括全民所有制和集体所有制为主体，以个体经济、私营经济、外资经济为补充，多种经济成分长期共同发展。1997 年 9 月，中共十五大指出，“以公有制为主体、多种所有制经济共同发展，是中国特色社会主义初级阶段的一项基本经济制度”，明确“非公有制经济是中国特色社会主义市场经济的重要组成部分”，提出“对个体、私营等非公有制经济要继续鼓励、引导，使之健康发展”③。1999 年 3 月，中国人大九届二次会议通过的《中华人民共和国宪法修正案》明确规定，“在法律规定范围内的个体经济、私营经济等非公有制经济，是社会主义市场经济的重要组成部分”，“国家保护个体经济、私营经济的合法的权利和利益”，“国家对个体经济、私营经济实行引导、监督和管理”④。这是国家根本大法对非公有制经济发展状况的充分肯定。

① 中共中央文献研究室．十二大以来重要文献选编（中）［M］．北京：人民出版社，1986：580.

② 中华人民共和国宪法修正案（1988 年）［EB/OL］．［2022-08-21］．https：//flk. npc. gov. cn/detail2. html？MmM5MDlmZGQ2NzhiZjE3OTAxNjc4YmY1OTQyNDAwMDU%3D.

③ 中共中央文献研究室．十五大以来重要文献选编（上）［M］．北京：人民出版社，2000：20-21.

④ 中华人民共和国宪法修正案（1999 年）［EB/OL］．［2022-08-21］．https：//flk. npc. gov. cn/detail2. html？MmM5MDlmZGQ2NzhiZjE3OTAxNjc4YmY1OWM5ZTAwMTk%3D.

新社会组织相对于“社会组织”“民间组织”“群众组织”等词的概念，把范围缩小在社会主义市场经济体制发展完善过程中涌现出来的民间组织，指的是社会团体和民办非企业单位。其中，社会团体依照国务院1998年10月25日颁布的《社会团体登记管理条例》规定，是指由中国公民自愿组成，为实现会员共同意愿，按照其章程开展活动的非营利性社会组织。包括学术性社团、行业性社团等社会组织，不包括下列团体：参加中国人民政治协商会议的人民团体；由国务院机构编制管理机关核定，并经国务院批准免于登记的团体；机关、团体、企业事业单位内部经本单位批准成立、在本单位内部活动的团体。① 根据国务院1998年10月25日颁布的《民办非企业单位登记管理暂行条例》规定，民办非企业单位是指企业事业单位、社会团体和其他社会力量以及公民个人利用非国有资产举办的，从事非营利性社会服务活动的社会组织。② 常见的民办非企业单位，如各类民办学校、医院、文艺团体、科研院所、体育场馆、职业培训中心、福利院、人才交流中心等，可按行业性质划分为教育事业类、卫生事业类、文化事业类、科技事业类、体育事业类以及其他类别。

可以说，“两新”组织是改革开放的产物，是伴随着我国所有制结构调整、社会结构变迁而产生的。同时，随着社会主义市场经济体制的建立和完善，“两新”组织在我国的经济、社会生活当中扮演着越来越重要的角色。非公经济组织已成为我国社会主义市场经济的主力之一，是当前吸纳城镇居民就业的主要载体。

随着改革开放的不断深入，社会主义市场经济不断发展，“两新”组织是社会主义的建设力量之一，且从社会主义市场经济体制确立之时，中国共产党就十分重视“两新”组织的党建工作。由于“两新”组织萌生、发展于社会主义市场经济建设的过程之中，在中共十四大确立了建设社会

① 国务院．社会团体登记管理条例（2016年2月6日修正版）[EB/OL]．新华网，2016-02-06.

② 国务院．民办非企业单位登记管理暂行条例 [EB/OL]．新华网，1998-10-25.

主义市场经济体制的目标不久，中央就对“两新”组织党建问题做出规定。1994 年 9 月召开的中共十四届四中全会集中讨论了党的建设问题，会议做出《中共中央关于加强党的建设几个重大问题的决定》，明确指出，“各种新建立的经济组织和社会组织日益增多，需要从实际出发建立党的组织，开展党的活动”①。1998 年 2 月，中共中央组织部和民政部下发了《关于在社会团体中建立党组织有关问题的通知》。2000 年 7 月，中共中央组织部印发了《关于加强社会团体党的建设工作的意见》。2000 年 9 月，中共中央组织部印发了《关于在个体和私营等非公有制经济组织中加强党的建设工作的意见（试行）》。这些文件对于及时总结各地开展“两新”组织建设经验，推动全国“两新”组织党的建设工作起到了重要作用。中共十六大把完善社会主义市场经济、推动结构战略性调整纳入 21 世纪头 20 年经济建设和改革的主要任务之中，并第一次把非公有制企业党组织职责任务写入党章。中共十七大进一步明确“落实党建工作责任制”，覆盖“新社会组织等的基层党组织建设”。中共十八大指出，“党的基层组织是团结带领群众贯彻党的理论和路线方针政策、落实党的任务的战斗堡垒”，并明确“加大非公有制经济组织、社会组织党建工作力度”。

（三）在新时代加强“两新”组织党的建设

中共十九大吹响了新时代的号角。中共十九大提出了新时代党的建设总要求，进一步突出了党的基层组织的作用，在保证党的组织力的同时，要求“注重从产业工人、青年农民、高知识群体中和在非公有制经济组织、社会组织中发展党员”。从党员结构分析，注重从非公有制经济组织、社会组织中发展党员，客观上反映了新时代“两新”组织的重要性，而能不能提高“两新”组织党建组织力，无疑也对“两新”组织党建工作提

① 中共中央文献研究室．十四大以来重要文献选编（中）［M］．北京：中央文献出版社，2011：12.

出了更高要求。在新时代党的建设总要求下，全面从严治党系统化向纵深发展，也推动了党建工作主体责任的不断落实，党建工作不断呈现出重大的政治意义，基层党组织在经济社会发展中进一步突出政治功能和战斗堡垒作用。习近平总书记2018年7月在全国组织工作会议上指出，加强党的基层组织建设，关键是从严抓好落实；并强调，要以提升组织力为重点，突出政治功能，健全基层组织，优化组织设置，理顺隶属关系，创新活动方式，扩大基层党的组织覆盖和工作覆盖。① 2018年11月，广西壮族自治区党委印发《关于全面加强新时代非公有制经济组织和社会组织党的建设的意见》，为广西壮族自治区贯彻落实新时代党的建设总要求和党的组织路线，加强非公有制经济组织和社会组织的党建工作，推动基层党组织全面进步、全面过硬提供了进一步指导。伴随着新时代号角吹响的，还有社会主义市场经济的进一步完善。2020年2月，中共中央、国务院印发《关于新时代加快完善社会主义市场经济体制的意见》，社会主义市场经济将在更高起点、更高层次、更高目标上不断推进，经济体制改革及其他各方面体制改革，将构建更加系统完备、更加成熟定型的高水平社会主义市场经济体制。“十四五”规划对于“十四五”时期经济社会发展主要目标，同样强调“社会主义市场经济体制更加完善”，并要求“高标准市场体系基本建成，市场主体更加充满活力，产权制度改革和要素市场化配置改革取得重大进展，公平竞争制度更加健全，更高水平开放型经济新体制基本形成”。②

新时代党建工作越发重要，基层党组织作用日益凸显，社会主义市场经济也在一步步完善。党组织作为政治核心，要增强党组织整体功能，特

① 参见：切实贯彻落实新时代党的组织路线 全党努力把党建设得更加坚强有力［N］. 人民日报，2018-07-15（001）.

② 参见：中华人民共和国国民经济和社会发展第十四个五年规划和2035年远景目标纲要［EB/OL］.［2022-08-23］. https：//www. gov. cn/xinwen/2021-03/13/content_ 5592681. htm？ webid=1.

别是政治功能与服务功能，提高政治站位，多从政治高度组织各种活动，把党的路线、方针、政策贯彻到工作始终，不断巩固党组织的地位。那么，新时代“两新”组织的自身情况如何呢？根据国家统计局数据，2019年企业法人单位合计21091270个，仅私人控股企业法人单位数已达19811755个；另有私营企业就业人数22833万人，个体就业人数17691万人，社会团体371638个，民办非企业单位487112个。[①] 可见，新时代数量庞大、人数众多的“两新”组织，已成为推动新时代我国经济社会发展的一支重要力量，是增强市场活力并完善市场经济体制不可或缺的行为主体，也是党的建设的重要领域和重要阵地，“两新”组织员工既是推动我国改革和发展的生力军，也是维护稳定、巩固政权的重要力量。

随着改革开放的不断深入，随着社会主义市场经济的不断发展，我们有理由相信“两新”组织在经济转型和社会治理中扮演的角色将越发重要，而党员工作生活在哪里、党组织就覆盖到哪里，“两新”组织党建工作的紧迫性和重要性自不言而喻。我们也有理由相信，在新时代党的建设总要求下，“两新”组织党建任务将进一步明晰且向纵深发展，也将成为新时代全面加强党的领导和党的建设，实现伟大斗争、伟大工程、伟大事业、伟大梦想的推进力量。

二、城市社区功能作用的改变

作为马克思主义政党，中国共产党是一个具有高度组织性和严密科学架构的政党。不断提高党的组织力，是党开展各项工作的基本保证。中共十九大提出了提升基层组织组织力的命题，并要求“推进党的基层组织设置和活动方式创新”。对于“两新”组织而言，如何提升组织力，如何创新组织设置和活动方式，是贯彻落实中共十九大“坚定不移全面从严治党，不断提高党的执政能力和领导水平”从应然到必然的飞跃。

① 数据来源：国家统计局国家数据［EB/OL］.［2022-08-25］. data. stats. gov. cn/index. htm.

（一）“两新”组织对城市社区的影响

随着“两新”组织的不断出现，党建工作似乎出现了一些新的情况。追溯改革开放以来社会变革以及“两新”组织党建工作的开展，不难发现“两新”组织党建工作在发展中往往遇到一些现实问题：一是如何把“两新”组织党建工作纳入社会建设和社会治理创新，或者说如何解决个体化的公共参与困境；二是与体制内单位相比，“两新”组织党建工作往往缺乏行政权力依托和资源支撑，许多非公企业和社会组织无法有效保障党组织开展活动所需的经费、场所以及时间等；三是党组织的嵌入和融合存在结构与功能层面的困难，具体来说就是企业家及企业管理层对在企业建立党组织会表现出定位模糊乃至排斥的态度等。总结起来，就是“两新”组织党建工作谁来管，怎么管，用什么方式管。依此逻辑，加强“两新”组织党建工作在新条件下出现了一定的必然性。那么这个新条件具体又是什么？

中国现阶段正经历波澜壮阔的多重转变：从农业化社会转变为工业化社会、信息化社会；从一个相对封闭的经济体变成经济全球化的积极参与者；从“人治”社会走向社会主义法治社会；计划经济体制被市场经济体制代替。在这些变革过程中，城市社会问题日益暴露，亟须社区发挥作用，以解决相应的基层社会治理问题。因此，城市社区功能研究提上议程，引起政府和学术界极大关注。在建设和谐社会的今天，作为和谐社会基本单元的社区，随着城市化的加快推进及“人民满意的服务型政府”社会格局的逐步形成，其重要性不言而喻。此种背景下，研究和探讨城市社区功能的发展与完善势在必行。我国城市社区的发展、社区功能的完善正是在全球化及政府职能转变的宏观背景下进行的。提升城市社区功能对促进城市基层建设、推动民主进程的意义重大。城市社区的建设迫切要求社区功能的变革和优化发展，而不仅仅是社区阵地的建设。

2013 年年底召开的中共十八届三中全会，把 2011 年年初提出的“加强社会管理”上升为“创新社会治理”，从国家治理体系和治理能力现代化的高度，适应中国经济社会转型与城乡结构变迁面临的新问题，以回应日益迫切的社会稳定和执政合法性的现实问题。从“社会管理”到“社会治理”这一措辞的改变，既是社会转型、经济转轨、体制变革的要求，也是“传统社会管理”向“现代社会治理”在观念、模式、方式方法等方面的一次全面升级，但从认识到实践，从自在到自为，依然需要基于客观条件下的从理论到实践的飞跃，而在此基础上，有必要首先分析社区这一我国的基层单位。

（二）城市社区的内涵、功能及相关问题

社区是一个客观存在的社会单元，任何一个城市只要社区存在，就会产生一定的功能。目前，“社区”这一概念被广泛运用于学术领域及现实生活中，但从某种意义上来说，“社区”这一概念是个舶来品。“社区”和马克思主义语境下的“市民社会”不同，“社区”最早在 1887 年由德国社会学家滕尼斯（Ferdinand Tönnies）在其著作《共同体与社会》中提出，指具有共同价值取向的同质群体，形成关系密切、守望相助的社会关系和利益关系的社会共同体。20 世纪 20 年代，美国芝加哥学派第一次用人口、组织、环境和技术等要素及其之间相互关系的人文区位理论来解释社区。1933 年，我国著名学者费孝通先生首次将这一概念引进中国，起初只是单纯地指一个村庄或者小镇，且对社区的研究大多集中在学理上。随着社会变革和城市化进程加快，1986 年，民政部将“社区”的概念引入城市管理领域中。2000 年 11 月，中共中央办公厅、国务院办公厅转发了《民政部关于在全国推进城市社区建设的意见》，明确指出：“社区是指聚居在一定地域范围内的人们所组成的社会生活共同体。当前城市社区的范围，一

般是指经过社区体制改革后做了规模调整的居民委员会辖区。"① 至此，"社区"这一概念开始进入大众的视野。总之，一般而言，以下几个要素是构成城市社区的必要条件：人口、地域空间、一定的设施设备和社区文化，以及某些类型的社区组织。简而言之，生活在城市一定地域空间中的人们，相互联系、相互影响，构成了一个社区。

基于社区的意义，"社区功能"即社区在社会建设和社会发展环境下对社区居民、社区事务及社区发展产生的影响活动与发生的效用。

一般社区功能，主要是服务功能和管理功能。服务是社区最主要的功能，社区服务是社区建设的重要内容和基础性工作。城市化的发展会削弱传统社会的人际关系，降低居民对社区的归属感，社区服务功能可在一定程度上进行弥补和整合。社区服务的目的是提高社区居民的生活质量，增进社区公共福利；社区服务的基本方式是以社区成员的自助、互助为基础，利用社区内外资源，开展各种福利性质的服务；从社区服务的内容来看，尽管大家的归纳不同，但其内容涵盖了居民生活的方方面面是不争的事实。社区服务基本上分为社会保障服务、老年人服务、残疾人服务、拥军优属服务、综合治理和司法调解服务、社区就业服务、妇女儿童服务、医疗卫生服务、社区文化服务等。社区通过服务为居民的生活提供各种便利条件，为驻区单位创造良好的工作环境，使他们意识到社区利益与他们的自身利益密切相连，从而达到资源整合的目的。

在我国，社区管理的概念是在我国由传统计划经济体制向社会主义市场经济转轨时期，伴随着改革的不断深化，社会结构、人们的生活方式、思想文化以及行为方式等各方面的变化而提出来的。所谓"社区管理"，主要是指在政府的指导下，社区内部各种机构、团体或组织，为了维持社区的正常秩序，动员和依靠社区各方面的力量，促进社区的发展和繁荣，

---

① 中共中央办公厅、国务院办公厅关于转发《民政部关于在全国推进城市社区建设的意见》的通知［J］. 中国民政，2001（01）.

满足社区居民物质和文化活动等特定需要而进行的一系列的自我管理或行政管理活动。城市社区不同于一般的行政区，社区成员形成的各种利益关系，往往不是以行政权力的介入为前提，而是以自主、平等的社会成员的共同需要为纽带，通过居民自治组织（居委会），以一定的契约（居民公约）为基础建立起来的。因此，社区管理始终贯穿着自我管理、自我发展、自我服务的性质，体现着共治、共享、共有的特征。

社区的功能变化和改革开放联系紧密。20 世纪 80 年代开始，我国当代城市社区重新开始出现在人们的社会生活中。十一届三中全会之后，中国社会逐步开始转型：一是由传统计划经济向社会主义市场经济转变；二是社会结构的变化，从传统社会向现代社会过渡。这些转变促进了社会的发展，但是也引发了新的社会问题，推动了社区功能的变化。随着我国经济和社会的发展，城市化进程日益加快，城市的数量不断增多，规模不断扩大，城市人口所占比例越来越高，超出了社会能够接受和管理的程度，进而带来了越来越多的城市问题。其一，城市化的快速发展导致层出不穷的社会问题产生，原有的行政力量不能有效地解决和适应这种变化；其二，城市化打破了原先城乡二元结构，大量农民涌向城市，成为城市居民，原有的社区功能已经无法满足更多居民的各种需求，因此需要对社区进行重建；其三，大量农民工进入城市，人口激增，农民工在加速城市建设的同时，城市发展也遇到一系列问题，环境、交通、治安、卫生、就业和入学等相关问题不断发酵。可以说城市化的快速发展和城市流动人口的增多，引发恶劣的小区环境、不良的社区扰民等问题，使居民对社区的要求日益增加。政府和社会力量逐渐力不从心，迫切需要城市社区发挥其相应的功能，促进社区稳定、健康的发展。

（三）“两新”组织融入社区综合治理推动基层党建工作创新

随着社会的转型，社会结构出现分化，逐渐由政府一家变为政府、市场和社会三大格局。大量社会组织出现，如非营利组织和志愿组织等，社会组织在政府和市场无法顾及的地方充分发挥作用。对执政党而言，面对社会结构、经济发展、利益分层等社会生态变化，通过在政策方针、组织结构和领导方式多方面进行自我调适与变革，主动适应内外部环境的变化，提升应变能力则成为需要面对的崭新课题。

这一课题的提出，源于在现代政治原理中，执政党的领导不仅出于维持秩序的需要，还出于保障社会利益、促进社会发展的需要。在此基础上进一步分析社区党建的功能，可以清晰看到在很大程度上延伸了传统街道党建的功能，其中很关键的一点便是整合社会资源，推动社区发展。如果进一步结合市场经济体制，随着单位制结构开始转为社区制结构，社区内各项建设工作的推进使党建的内容由单一到全面，依靠传统街道党委的管理已经不能满足社区发展的需要。新形势下的社区党建工作需要有效打通党政系统之间、党政系统与社会之间、社会各行业之间的联系，实现社区内的资源整合，达到资源的最优配置。

而政党与社会关系是政党政治的基本关系。政党与社会关系、与政党肩负的历史使命紧密相连。政党既要代表并反映社会的利益诉求，与社会变化保持同步互动，又要按照政党本身的属性去塑造社会和引导社会，不断增强自身的合法性基础。前者要求政党具备利益表达和利益综合功能，后者要求政党具备政治社会化和政治整合功能。政党与社会密不可分，相依相存，政党之所以能成为整个现代民主政治的核心和主导力量，是因为政党的社会功能。政党具有利益表达和利益综合、社会整合、政治录用与政治社会化功能。政党通过发挥这些功能，达到与民众互动的结果，来对社会进行回应。社会对政党的认同体现在社会的主动参与，社会参与度越高，说明对政党的认同度越高。社会主动参与政党活动的方式包括：一是参与政党的决策过程，这是政党履行职能和民众利益表达相统一的体现。二是响应政党的社会动员，只有当社会民众和政党的目标追求一致时社会才能积极响应。三是接受政党的价值灌输，这也是增强组织凝聚力的有效手段。四是服从政党的政治领导，取决于政党的政治领导是否科学、合理。一个优秀的政党，都是密切联系群众，积极创造民众参与政治事务、经济事务和社会事业的途径与渠道的政党，所谓“权为民所用，利为民所谋”就是政党寻求社会认同的理想状态和价值准则。

当前新型城市社区，不仅包括了传统社区的治安综合管理、环境管理、卫生管理等功能，还包括了政治、经济、文化相关服务与管理，以及更加综合的精神文明建设等功能。

于是，在城市社区功能作用转变的基础上，“两新”组织融入社区综合治理的要求主动或被动地被提出，“两新”组织的党建任务也不断深入化、具体化。一方面，新型城市社区在其服务功能基础上为“两新”组织党建活动提供了必要的物质条件；另一方面，“两新”组织依托于新型城市社区有了更加清晰的定位和目标。进一步讲，这是一种社会管理创新的需要，也是一种基层党建整合的需要。所以加强基层党组织的创造力、凝聚力和战斗力，尤其发挥好“两新”组织的党组织作用，是加强我党基层组织建设中的根本环节，而党的基层组织建设又是党执政的组织基础。结合“两新”组织党建工作形成发展的实践，在各项改革陆续进入深水区的今天，面对人民日益增长的物质文化需要，面对社会主要矛盾的变化，面对社会主义建设的更高标准和要求，以及带来的社会结构、利益导向等都发生一系列深刻变化，我们的党必须在“坚持党要管党，全面从严治党”的内核下以改革创新的精神来建设党，深刻认识新形势下对党的建设提出的新要求，积极探索基层党建的创新，尤其是在社会转型、经济迅速发展背景下不断成长的“两新”组织这个领域的基层党建工作的创新。

三、居民单位管理体制向社区体制的转型

随着改革开放的不断进行，社会主义市场经济开始不断巩固并完善，

一方面是经济基础的变革，另一方面基于经济基础上的社会结构、人身关系等也必然随之变革。在社会主义市场经济体制不断巩固并完善的同时，以市场为基础的社会资源配置方式逐步形成了多元格局，打破了国家对资源的垄断局面，整个社会决策也由过去的单一国家决策转变为国家和社会的多元决策。由此，社会结构由政府、企业、社会三大块构成了具有纵横交错的网络特点的结构体系，人与单位的关系也由原来的依附关系变为了比较单纯的契约性的经济利益关系，意味着人的生老病死从单位走向社会，人的“单位性”转为“社会性”。

（一）体制变化对社会结构产生影响

经济体制改革，社会结构调整，整个经济生活和社会生活发生了深刻而复杂的变化。特别是近几年来，这种变化明显地反映到党内来。原本完全按照行政隶属关系而成建制成立基层党组织的方式已明显无法全部满足所有的经济社会活动方式。许多老的国有、集体企业在市场竞争中破产、兼并、重组，与此同时，非公经济和外资企业的迅速发展，也已成为经济发展中一支不容忽视的力量。但经济社会不断调整、变化、发展的同时也带来许多新问题。在党的建设层面，最现实的就是党如何驾驭市场经济规律，如何在新经济组织、外资企业以及社会团体中加强党的建设，增强党的工作的渗透力和影响力。这也提出了一项党的建设新课题。应当看到，改革开放使人民群众普遍得到实惠，物质文化水平大幅度提高，但利益关系和社会活动也出现了一系列新变化，这要求我们党提高社会调控能力，改进群众工作方式和方法；既要保护广大人民群众的利益，又要协调和整合各种社会资源与社会力量，不断满足人民群众日益增长的物质文化生活需要，使社会发展公平和谐、有序稳定、充满活力；这就要求我们的党组织要通过有效地开展群众工作，使党始终扎根于群众之中，把群众紧密地团结在党的周围，建立起更加牢固的党群关系。而在如何不断完善党的组织方式以及增强组织力层面，自改革开放以来，随着城市“单位制”的逐步解体，如何将“单位人”再组织一直是我国基层政权面临的重大挑战。

（二）党对基层组织单位进行社会转型的调适

在上述宏观背景下，作为存在并运行于这一变动的社会经济环境之中的中国共产党基层组织单位，必须进行积极的转型和调适以适应社会环境的变化。这种转型与调适集中表现在，中国共产党的基层组织开始转变计划经济时期和单位体制环境下活动方式的“行政化”，并对改革开放新时期和新环境下基层党组织活动方式“社会化”进行积极探索。

1. 对居民自治的探索和完善。改革开放以来，中国开始由计划经济向市场经济转轨，在计划经济时期曾处于边缘地位的街道和居委会的地位与作用开始彰显。这主要是由于城市“单位制”解构而导致其原本负担的功能外溢。这样一来，“街居制”开始成为“后单位”时代基层社会整合的平台。1978 年中共十一届三中全会之后，我国城市街道委员会体系逐步恢复。随着街道革命委员会的撤销以及随后的城市街道办和城市居民委员会组织条例等的重新颁布实施，街道和居委会的职能得以恢复与拓展。由于经济社会转型和深刻变化，街道工作的对象向其管辖区域内的所有居民与单位扩展。与此同时，城市居民的需求也变得多样化，这导致街道的任务也相应增多。同样，居民委员会的工作领域也得到极大拓展，尤其是在 1989 年城市居民委员会组织法通过和颁布之后。居民委员会的工作不仅是对法律法规与国家政策进行宣传，而且是对公共事务进行办理，对居民合法权益进行维护，对民间纠纷进行调解。居民自治水平进一步提高，居民委员会直选也在一些条件成熟的社区开始进行试点。一系列便利民众的服务活动也在城市居民委员会的动员之下广泛开展起来。“街居制”下，街道设立党委，居民区设立党支部。在居民区党支部与作为基层群众性自治组织的居民委员会的关系中，居民区党支部在居民委员会工作中处于领导核心地位。

2. 街道党建的提出。1992 年 10 月，中共十四大报告要求，街道党组织“要结合自身的情况，加强和改进自身建设”，并提出“在其他各种经济组织中，也要从实际出发，抓紧建立健全党的组织和工作制度”。[①] 中共十四届四中全会对当时基层党建面临的新形势和新挑战进行了分析，对未来发展和具体工作提出了要求，集中表现在：“随着多种经济成分的发展、利益关系的调整和经营形式的多样化，需要改进基层党组织的工作；各种新建立的经济组织和社会组织日益增多，需要从实际出发建立党的组织，开展党的活动；大批劳动力在产业间转移和地区间流动，需要采取有效措施管理好流动中的党员；消极腐败现象侵蚀着党组织的肌体，需要加强对党员的教育和管理，坚持党的宗旨，保持工人阶级先锋队的本色。”[②] 可以看到，当时新经济组织和社会组织的与日俱增，客观上要求建立符合实际的党组织，流动人员的增多，必须要求做好管理流动党员的工作，且基层组织软弱涣散的趋势，客观上也要求必须加强新形势下党的基层组织的建设。为应对这些新挑战，就需要发扬改革的精神，在借鉴已有经验的基础上勇于创新，对基层党的活动内容与工作方式不断进行改进。1996 年 9 月 3 日，中组部发布《关于加强街道党的建设工作的意见》，明确了街道与居民委员会党组织的主要职责，要求加强街道党委领导班子建设，搞好党支部建设，并切实加强对街道党的建设工作的领导。该《意见》明确提出，“要在新的形势下加强党对城市工作的领导，必须加强街道党的建设，充分发挥街道党组织和党员在促进城市繁荣、保持社会稳定中的作用”，并指出“要处理好加强街道党的建设与完成街道各项任务的关系”。[③] 该

---

① 中共中央文献研究室．十四大以来重要文献选编（上）［M］．北京：中央文献出版社，2011：37.

② 中共中央文献研究室．十四大以来重要文献选编（中）［M］．北京：中央文献出版社，2011：12.

③ 中共中央组织部关于加强街道党的建设工作的意见［J］．党的建设，1996（12）．

《意见》对于贯彻中共十四大以来中央关于加强党的建设的一系列部署，进一步提高街道党组织的战斗力，促进城市建设和街道各项事业的发展，具有提纲挈领的作用。

按照中央精神和组织工作要求，各个城市在社区党建方面进行了先行探索，积极行动，如上海市在社区党建方面很快形成典型的“上海经验”。根据当时有关上海社区党建工作的新闻报道，“从1995年开始，市委组织了大规模的城市基层党建工作调研”，“从1996年起，上海市委每年都要召开专题工作会议对社区建设、管理和发展提出明确的阶段性目标”，“1997年，市委下发了《关于加强和改进社区党的建设工作的若干意见》，明确了街道党工委在社区各项工作中的领导核心地位和作用”，“1999年，市委专门召开‘上海市社区党建工作会议’，提出用一年左右时间在新经济组织和社团组织中消灭党的工作的空白点”。①

总体而言，这段时间全国城市基层党组织活动方式社会化尚处于初步启动和摸索阶段，主要集中在东部地区的一些大中城市，社区党建格局开始探索形成，并不断将具体经验加以巩固、传递、拓展。

3. 基层党组织的广泛覆盖。1997年9月，中共十五大报告在加强党的组织建设的内容中明确指出，“党的基层组织是党的全部工作和战斗力的基础”，强调“加强和改进党的基层组织建设，要围绕党的基本路线，为党的中心任务服务”，要求“用改革的精神研究新情况新问题，改进工作方法、工作作风和活动方式；认真做好对党员的教育、管理和监督”。②这为城市基层党组织活动方式向社会化转变提供了思想引领和原则遵循，也为城市基层党组织的工作划出了重点。随着国家改革开放的深入进行，城市社会利益格局发生变革、城市单位制解构。在此情况下，中国共产党

① 吕网大，高渊. 夯实党的执政基础 上海社区党建工作纪实［N］. 人民日报，2001-6-24（001）.

② 中共中央文献研究室 . 十五大以来重要文献选编（上）［M］. 北京：人民出版社，2000：48.

必须寻求新的社会整合机制和组织化实体以作为其在新形势下的执政基础，由此，社区建设显得愈益重要并开始加速发展。

1999 年 10 月 27 日，首届全国街道社区党的建设工作座谈会在上海召开。座谈会由中共中央组织部召开，明确指出了工作中存在的突出问题，并总结了加强街道社区党建工作取得的基本经验。根据记载，“会议提出了今后一个时期街道、社区党建工作的指导思想和目标要求，即：以邓小平理论和党的基本路线为指导，全面、深入贯彻党的十五大和十五届四中全会精神，紧紧围绕改革、发展、稳定的大局，以加强街道党的基层组织建设为重点，扩大党在城市社区工作的覆盖面，增强街道、社区党的工作的影响力、渗透力和街道、社区党组织的凝聚力、战斗力，把广大人民群众紧密团结在党组织周围，推进城市社会主义物质文明和精神文明建设”。① 此次会议明确提出扩大党组织在城市社区覆盖面的要求，并明确指出了街道、社区党组织在社区建设和管理中的作用。此后，社区党建先是解决了从街道到社区的党组织覆盖面的问题，并随着同社区具体工作的不断结合，街道党工委也在不断完善组织机构，社区党建的工作格局不断形成、发展、完善。有数据显示，“到 2002 年底，在全国 622 个城市 5179 个街道中建立了党组织的已达到了 5169 个，比例超过了 99. 9%，其中，61472 个社区中建立党组织的比例为 87%，总数达到了 53204 个。然而截至 2006 年底，全国城市的‘一社区一党支部’率都达到了 99. 9%”。②

4. 基层党组织建设向纵深发展。随着基层街道和社区党组织的广泛覆盖以及相应组织机构的健全和完善，党的基层组织建设开始向纵深发展，客观上要求党的工作面的广泛覆盖。2002 年 11 月，中共十六大在基层党建内容中要求，在社会团体和社会中介组织中组建党组织的工作力度要不断加大，明确指出，“要坚持围绕中心、服务大局，拓宽领域、强化功能，

① 中国改革开放新时期年鉴（1999 年）［M］. 北京：中国民主法制出版社，2014：888-889.

② 张长娟 . 城市社区党建研究［D］. 重庆：西南大学，2008.

扩大党的工作的覆盖面”，并强调“高度重视社区党的建设，以服务群众为重点，构建城市社区党建工作新格局”。[①] 大会通过的党章还第一次明确了基层党组织在非公企业中的职责。非公企业党组织的主要任务是对党的方针政策要坚决贯彻执行，对企业遵守国家法律法规的情况进行监督和引导，对企业中的群团组织进行领导，对职工群众进行团结凝聚，对各方的合法权益进行维护，以促进企业的健康发展。

为了贯彻落实十六大精神，2002 年 12 月党的全国组织工作会议对组织工作做出了系统部署，提出了基层党建工作要以夯实基础、增强活力为重点。[②] 加强和改进基层党建的工作问题越来越受到重视。2004 年 9 月，中共十六届四中全会报告中提出，“我们着眼于增强基层党组织的创造力、凝聚力、战斗力，努力根据新形势新情况探索新途径、新方法”，并明确要求“推进国有企业、机关、学校和新经济组织、新社会组织等基层党建工作”。[③] 会议通过的《中共中央关于加强党的执政能力建设的决定》，同时对构建社区党组织党建工作新格局以及加大在“两新”组织中建立党组织的工作力度，提出了新要求。

5. 明确党的组织全覆盖。2007 年 10 月，中共十七大报告在党的基层组织建设中再次明确“扩大组织覆盖”。在党的基层党建格局下，此次“扩大组织覆盖”已经不是简单意义上的党组织的“面”的覆盖，而是党组织作用对于基层进行的点、线、面、体的综合性、立体性覆盖。2009 年 9 月，中共十七届四中全会通过了《中共中央关于加强和改进新形势下党的建设若干重大问题的决定》，明确提出“扩大基层党组织覆盖面”，并提出具体要求，即“做到哪里有群众哪里就有党的工作、哪里有党员哪里就

---

① 中共中央文献研究室．十六大以来重要文献选编（上）［M］．北京：中央文献出版社，2011：41.

② 参见：姜华宣，张尉萍，肖甡．中国共产党重要会议纪事（1921——2006）［M］．北京：中央文献出版社，2006：980.

③ 中共中央文献研究室．十六大以来重要文献选编（中）［M］．北京：中央文献出版社，2011：251.

有党组织、哪里有党组织哪里就有健全的组织生活和党组织作用”。[①]《决定》还提出，要适应新形势和新任务的要求，对基层党的活动内容和活动方式进行创新，着重在扩大党员参与和增强活动实效性上努力，并把服务群众、凝聚人心贯穿活动始终。

（三）社区党建必然实现对“两新”组织的工作覆盖

纵观党对基层组织在社会转型下的调适历程，可以看到，改革开放以来，中国共产党城市基层组织活动方式的不断转化，党的基层建设及时跟进。党的建设历程正与我国城市管理体制改革不断深化和社区建设加速推进的历程同向而行。而这一历程下的社区党建工作的探索、发展和完善，也是从实践探索到理论总结，再从理论到实践探索的相互促进过程中，逐步得以展开，使水平不断提升。总之，随着市场经济发展，随着市场经济体制的建立和完善，随着“单位制”的弱化以及单位的社会职能剥离和重新回归社会所有制多种形式的变革，大批新经济、社会组织必然涌现，外来人口必然流入社区，客观造成社区的经济、文化以及资源的重新整合，这必然也导向政治的整合，导向街道党建工作向社区党建工作拓展和延伸，在某种意义上说，这就是党的资源重新整合，也是党的功能和作用对社会转型的调适。

新时代以来，抓好社区治理正是推进国家治理体系和治理能力现代化的题中之义。而坚持以党建为引领、以改革为核心、以服务为保障，构建区域统筹、上下联动、共建共享的基层治理新格局也是新时代社区党建的基本内容和必然要求。在当前，社区党建工作的目标正是将社区内不同单位和党员的个体力量凝聚、优化，以扩大党组织的影响力、渗透力和战斗力，从而巩固党的执政基础。这一工作正在推动着区域性党建资源整合的

---

① 中共中央文献研究室．十七大以来重要文献选编（中）[M]．北京：中央文献出版社，2009：154.

实施，推动基层组织工作能够有效服务区域经济发展，在推动的同时，也将充分发挥社区党建的“嵌入式”服务功能。这一过程更有助于汇聚社区各方面的力量，以实现更广泛的党的影响力和渗透力，以实现党组织的引领作用。正如中共十九大对加强基层组织建设的要求，社区党组织是确保党的路线方针政策和决策部署贯彻落实的基础，党建工作必须巩固党的执政基础，为党的长期执政提供坚实的支持。

总的来说，社区党建工作依然是一项重要而复杂的任务，它需要协调不同单位和个人的力量，以实现更广泛的目标，为党和国家的长期发展提供强大的支持。可以看到，社区党建工作已经成为巩固党在城市的执政地位所必须进行的基础性工作。社区党建必须发挥整合功能，通过社区党建工作的开展，理顺关系，向新生的社会组织渗透，并融合发展。同时，还需要研究、探索党组织进入无上级主管部门的新经济组织、社会中介组织、社会团体渠道，并将它们纳入党的调控范围，如何使党的影响力更深入地覆盖到全社会各个领域，以巩固党的执政地位。这样，党的基层组织才会在新时代条件下不断巩固、发展。

四、楼宇经济的涌现

楼宇经济作为一种新型经济形态，在我国城市经济发展中扮演着越来越重要的角色，它具有依托性、聚集性和高效性等特点。伴随着中国经济的高速增长，以及城市化的扩张和第三产业的快速发展，楼宇经济一度成为研究热点。楼宇经济是以商务楼、功能性板块和区域性设施为主要载体，以开发、出租楼宇引进各种企业，从而引进税源，带动区域经济发展为目的，以体现集约型、高密度为特点的一种经济形态。主要表现为现代服务业，如金融业、咨询业、广告策划、影视制作、网络公司、律师事务所、会计师事务所、咨询中介公司、高科技企业、娱乐服务企业、房地产开发企业、旅游服务企业、交通通信企业等国内外各类企业和公司。在楼宇经济条件下，资本、技术、信息、知识、人才、企业家等多个要素聚合，形成了资本集中、人才集中、知识和信息集中、资源共享的集聚优势。

（一）楼宇经济为“两新”组织的建立和发展提供物质环境

楼宇经济是城市经济发展的新风向和现代都市新的“掘金地”。楼宇经济的形成和发展依靠的不仅仅是楼宇建筑，还需要一定的经济、文化、环境、金融、交通、信息、人才、社会等综合区域生态要素的支撑。据统计，在一座写字楼所能带来的全部收益中，建设成本占 2%，运营成本占 4%，而其余 94%的现金流全部产生于办公过程。因此，从某种意义上说，楼宇经济也是一种合作经济、多元经济，它具有占地少、效益高、辐射强、潜力大等几个方面的特征。譬如，上海浦东新区的陆家嘴金融贸易区，就是标志性的楼宇经济业态。近年来，一些中小城市发展迅速，因此中小城市楼宇经济的发展也备受关注。中小城市相对大城市而言，往往存在经济实力不强、规划滞后、基础设施不完善等劣势，因此各中小城市往往根据自身特点，形成错位竞争，通过硬件建设和软环境的改善，来打造具有显著地区影响力的楼宇经济。

楼宇经济作为一种现代城区经济发展的战略取向，并非传统意义上的单一经济形态，它既包括楼宇的建设经营、城市环境的优化融合，也包括核心区功能板块的整合式发展与周边区域功能板块的规划培育。从本质上看，楼宇经济是一种空间战略思维，它以现代城市最集中的特征“楼宇”为核心出发点，通过建造高层的商务楼宇及功能性板块、区域，充分利用空间资源，使土地要素予以拓展，把平面土地和空间概念联系起来经营，从而提高原有土地使用率和产出率，为城区发展培育恒久税源，推动区域经济的发展。楼宇经济突破了孤立的经济形态的思维模式，以商贸型房地产为主要承载体，以楼宇功能的集聚凸显功能性板块聚合，以经济要素的集约效应扩张城区的辐射力，从而为整个城市区域的发展打开广阔空间。

随着社会经济发展和城市化水平的提高，一座座商务楼宇在城市中心拔地而起，入驻楼宇的“两新”组织数量庞大，商圈楼宇经济发展迅速，传统的城市基层党建工作和社区治理工作面临新的挑战。同样伴随城市化和市场经济的发展，以及随之而来的政府职能的不断转变，“小政府，大社会”的治理格局不断发展完善。在这样的情况下，衍生了“楼宇社区”这种新的社会空间。“楼宇社区”里主要驻扎着新经济组织和新社会组织，它们是促进地区经济发展的强大推动力，但是这里往往成为基层党建的一个“盲点”。

（二）楼宇经济对基层党建提出了新的要求

毫无疑问，党一直都十分重视基层党组织建设。随着社会治理的覆盖范围已由社区扩大到了商务楼宇，如何开展楼宇社区的党建，如何培养新兴经济形态下的社区凝聚力、向心力，如何打造传播党的理念、主张新的基层战斗堡垒，则作为又一崭新的课题被提出。

中共十九大明确指出：“党的基层组织是确保党的路线方针政策和决策部署贯彻落实的基础。要以提升组织力为重点，突出政治功能，把企业、农村、机关、学校、科研院所、街道社区、社会组织等基层党组织建设成为宣传党的主张、贯彻党的决定、领导基层治理、团结动员群众、推动改革发展的坚强战斗堡垒。”① 按照这一指引，楼宇社区作为新兴城市社区，其党建工作的重点就是提升组织力。而楼宇社区组织力的关键，就在于能否有效组织起其所属居民，即“两新”组织成员。

应当看到，商务楼宇和“两新”组织等新兴领域是促进城市经济高质量发展的重要支撑。社会分化和就业形式的多样化，使越来越多的党员走

① 中共中央文献研究室．十九大以来重要文献选编（上）［M］．北京：中央文献出版社，2019：46.

进了新经济组织和新社会组织，同时也使党员渐渐远离了原先成建制体系的党组织。所以，在楼宇内开展党建工作难免会出现一些问题。首先，表现在企业对党组织活动的不重视、不配合。一些企业只关注自己的生产经营，不了解党组织活动的积极作用和重要意义，社会责任感欠缺，甚至也不允许企业职工参与活动。其次，企业党组织功能难发挥。一些企业尽管成立了党支部，但并没有按照党组织的要求按时开展活动或会议，一些党务人员可能忙于自己的工作而将活动流于形式，难以发挥党员的先锋作用，久而久之，其他党员的意识也会变得淡薄。最后，“流动党员”和“隐形党员”的人数多、管理难。部分党员不愿意透露身份，也不参与组织活动，难以对其进行思想教育。

可以说，在楼宇经济条件下，“两新”党建任务呈现出新特点、新要求。通过对当前学术界关于楼宇经济党建功能的研究整理，可将其总结为以下三点：一是推进党建嵌入式发展。楼宇社区党建可以把党员队伍建设与企业人才培养结合起来，通过把党员培养成企业骨干、把企业骨干发展为党员，充分发挥党员在企业生产经营中的先锋模范作用，很好地把楼宇社区党建和企业生产运营融合为有机体。实现嵌入式党建工作模式，有助于消除基层党建和企业发展“两张皮”的现象，最大限度地发挥党组织在企业改革发展稳定中的作用，把党的政治优势、组织优势、群众工作优势，转化为企业的创新优势、发展优势、竞争优势。二是以沟通机制为核心的共享经济平台。楼宇社区内部积聚了大量资源，包括企业的汇集，人才、资本、技术和信息等要素的集中，楼宇社区党建可以很好地整合这些资源，使之发挥更大的规模效应和集聚效应，以达到充分整合资源的效用。三是畅通政企合作新路。楼宇社区党建可以协调楼宇社区外部资源，充当楼宇社区与外部环境发生联系的桥梁纽带。企业的发展不可避免地要与工商、税务、社保、审计、民政、公安、消防等部门联系，如果楼宇社区内每家企业都与这些部门一对一对接，就会耗费大量的时间和精力。楼宇社区这一相对稳定的物理空间则为这些政府部门、为楼宇企业组团式服务提供了可能，从而有利于实现企业找服务转变为政府上门送服务，扭转政商互动的传统工作模式，进一步降低交易成本和企业运营成本。

（三）在实践中强化楼宇党建与“两新”党建双向融合

楼宇党建工作作为街道社区党建工作的延伸和拓展，工作情况更复杂，工作基础更薄弱，容易成为基层党建工作的盲点和薄弱环节，因此，通过一定的组织机制，把社区中从单位分离出来的党员重新组织到社区党组织中，把工作、居住在社区楼宇中的在职、流动党员同社区中的离退休党员组织起来，实现党组织对党员的有效整合，是社区党建取得实效的关键。楼宇党建是社区党建的创新方式，是推进和谐社区建设的新举措，也是推进“两新”组织建设的关键。

全面从严治党是中共十八大以来党的建设的主题。全面从严治党，核心是加强党的领导，基础就在全面。正如中共十九大报告指出的：“党政军民学，东西南北中，党是领导一切的。”① 中国共产党是在长期与人民群众的密切联系中产生并发展壮大的，群众的支持和拥护是党最重要的合法性基础，党的执政离不开人民群众的支持和拥护。从党的建设的主要功能来看，楼宇党建也是基层党组织扩大群众基础的重要途径。因此，加强楼宇党建工作，把楼宇中的党员和群众凝聚起来，是社会发展的必然要求。从这个角度来说，楼宇党建是党提高执政能力、增强执政基础的重要举措。实践证明，抓党的建设不能就党建来抓党建，必须与党的中心工作结合起来，在推动经济社会发展过程中来体现党的先进性。党的基层组织使命重大，不仅要服务和凝聚基层群众，更肩负着推动基层社会发展的重任。因此，把社区楼宇党建工作与基层社会发展任务结合起来，通过推动

---

① 中共中央文献研究室．十九大以来重要文献选编（上）［M］．北京：中央文献出版社，2019：14.

社区楼宇党建工作来带动“两新”组织的发展，才具有价值和意义。只有不断拓展商务楼宇党建工作，提升党在“两新”组织中的影响力，才能强化党对新的社会组织的领导，促进“两新”组织健康发展。

第二章

“两新”组织党建工作的地位、作用和目标

“两新”组织党建工作，是党建工作体系的重要组成部分。加强“两新”组织党建工作，是全面从严治党永恒课题的应有之义，事关党建新的伟大工程战略部署推进落实，必须不遗余力推动“两新”组织党建全面进步、全面过硬，齐心协力促进“两新”组织健康有序发展。

一、“两新”组织党建工作的地位

党建是党领导的伟大事业不断取得胜利的重要法宝。中共十七大报告指出:“党的基层组织是党执政的组织基础”，要通过“落实党建工作责任制”,“充分发挥基层党组织推动发展、服务群众、凝聚人心、促进和谐的作用”。[①] 新经济组织、新社会组织的党建工作，是党的基层组织建设的有机组成部分。它既具有基层党建工作的一般性战略地位，同时，由于它是伴随着改革开放以来我国社会结构的新变化而产生的党建工作的新领域，因而，在基层党建的全局当中，“两新”组织党建还具有自己独特的地位和规律性。立足于“两新”组织党建的实践，以马克思主义党建学说为指导，汲取党在不同历史时期基层党建经验，探索“两新”组织党建的规律，推动“两新”组织党建工作深入开展，在巩固中国共产党执政的组织

① 中共中央文献研究室．十九大以来重要文献选编（上）［M］．北京：中央文献出版社，2009：41.

基础、引导非公经济组织健康发展、发挥新社会组织积极作用方面都有重大意义，对“两新”组织的正向发展也有积极的促进作用。

（一）在党的建设全局中把握“两新”组织党建的基础地位

发挥基层党支部战斗堡垒作用是党的建设得以稳固和不断发展的根基，“两新”组织党建工作在整个党的建设中正处于基础地位。站在党和国家发展的高度，“两新”组织党建工作是党的建设的重要组成部分，是增强党的建设覆盖范围并巩固党的执政基础的重要举措。在“两新”组织中建立健全党的组织、积极开展党的工作，是从根本上解决组织覆盖面问题并加强党的组织力的关键。目前，部分“两新”组织中已建立了党组织，应当按照党章和党的有关规定加以巩固提高，但也应看到“两新”组织中党组织的设置往往滞后于企业发展，“两新”组织的党建工作很容易成为整体党建工作的薄弱部分。对此，一方面，部分“两新”组织党组织的组建工作明显滞后于企业规模扩大的速度，如一些“两新”组织中的党组织设置不够健全，甚至部分“两新”组织还没有建立党组织，党组织覆盖面和工作覆盖面不能达到中央的要求；另一方面，对于已经设立的“两新”党组织，其党建工作的效力、相关的工作规范很容易因其“体制外”的身份而达不到合格党组织的要求。基础不牢，地动山摇。中国共产党在领导中国革命和建设的历史经验中表明，党组织是党的战斗力的源泉，是贯彻党的路线方针政策的保障，要顺利贯彻党的政治路线、完成党的中心任务就必须加强党的组织建设。在“两新”组织日益发展的今天，加强“两新”组织党建，保证“两新”组织的政治方向和健康发展，是新时代执政党整合社会资源和优化资源配置的重要抓手与保证，也是加强党基层组织建设的重要内容。完全可以这样理解：“两新”组织中的党组织正是中国共产党在“两新”领域的工作阵地和战斗堡垒，加强和完善“两新”党建就是巩固中国共产党执政的组织基础。

（二）在党的中心任务中把握“两新”组织党建的保障地位

经济建设是现阶段党的中心工作，“两新”组织党建工作在经济发展中处于保障地位。“两新”组织是现阶段我国生产力发展的生力军，“两新”组织党建工作则是“党始终代表中国先进社会生产力的发展要求”的内在要求。“三个代表”是党的先进性的集中概括。中国共产党作为马克思主义政党，一以贯之地将代表中国先进社会生产力发展要求和推动生产力的不断发展作为自身先进性的表现，而“两新”组织的存在和发展正是社会主义初级阶段发展生产力的一支重要力量。“两新”党组织作为党政机关与“两新”组织沟通联系的重要桥梁和纽带，在优化“两新”组织的外部发展环境过程中具有得天独厚的优势。随着社会主义市场经济体制的不断完善，鼓励、支持、引导“两新”组织发展的政策体系已经初步形成，“两新”组织面临的政策环境和社会氛围前所未有的优越。做好“两新”党建工作，以党建促发展，以发展强党建正是当前社会经济单位在“发展是硬道理”这一基本逻辑下可持续发展的正循环。“两新”组织的党组织正围绕“发展”这一中心目标，将党建工作与生产经营双向推进，使党建工作与生产经营一体谋划、一体运行、一体发展，构建起党建与生产经营紧密结合的运行机制。事实也证明，党的组织往往成为“两新”组织在统筹利益、理顺关系、整合资源等方面的重要载体。

（三）在党对先进文化引领中把握“两新”组织党建的关键地位

党始终代表着先进文化的前进方向，“两新”组织党建工作在社会主义先进文化建设领域处于关键地位。“两新”组织的党组织是传播社会主义先进文化的桥头堡，“两新”组织党建工作则是保证传播效用的推进器。一定的文化是一定经济社会的反映，而“两新”组织作为现阶段非公经济的组成部分，其文化自身天然带有落后社会形态——资本主义社会的文化属性，这是由其生产方式决定的。社会主义是高于资本主义的社会形态，并不排斥资本主义文明的优秀成果，如先进的企业管理制度等，但如果对资本主义的落后文化不加以限制，那么“两新”组织也将退化为基于利益最大化原则的“利润至上”或者“野蛮生长”，进而影响整个社会的文化氛围。近年饱受诟病的“狼性文化”“打工人文化”等就是在这一文化氛围中发酵而来的。中国共产党作为社会主义先进文化的代表，加强“两新”组织党建工作，以优秀的党建文化引领企业文化，并进一步加强党组织与“两新”组织间的文化纽带，一方面将极大促进党内文化建设，推动新时期“两新”组织弘扬正能量，推进“两新”组织健康成长；另一方面对匡正社会风气，推进中国特色社会主义文化发展、繁荣社会主义先进文化具有重要意义。

（四）在对“两新”组织的内部影响中把握“两新”组织党建的驱动地位

“两新”组织党建最终要作用于“两新”组织本身，对于“两新”组织的内部影响，“两新”组织党建工作具有发展驱动的地位。站在“两新”组织自身发展的角度，“两新”组织党建工作对于“两新”组织健康发展具有不可替代的功能，这是“两新”组织党建工作的内在属性。综合当前“两新”组织党建工作的一般功能，“两新”组织党建工作主要应用于“两新”组织发展的三个层面。一是对企业家群体而言，加强“两新”组织党建工作就是加强党的组织关怀，可以帮助企业家不断提高思想认识和文化素养，同时帮助企业家把企业做好。二是对企业员工而言，可以加强企业同员工的纽带作用，强化企业发展共识，凝聚企业发展活力，同时也能不断提高企业员工队伍的整体素质，构建企业健康积极的发展氛围，在企业遇到发展困境时，最大限度凝聚共识、共克时艰。三是对企业整体而言，可以利用各级党组织的协调机制，为企业在发展转型、加强和完善管理制度、技术升级、拓展供销渠道等方面提供帮助，为企业的长期可持续发展不断注入动力。应当清醒地看到，在当代社会中国特色社会主义市场经济环境下，产业结构不断优化，伴随而来的社会结构的调整无时不在客观地发生、进行、加速，唯一不变的是中国共产党全心全意为人民服务的宗旨。党的长期执政作为中国发展的重要保证，“两新”组织又是当前经济社会发展的重要组成部分，那么中国共产党自然也成为“两新”组织发展的重要依靠。加强“两新”组织党建工作，完善“两新”组织的党组织功能，使党组织切实服务于“两新”组织的健康发展，既是“两新”党组织存在的意义，也是“两新”组织推动自身前进、激发发展潜力、获取更大更新发展机遇的助推力量。这对于“两新”组织内部而言，完全可以把党建工作摆在发展驱动的位置上。

二、“两新”组织党建工作的作用

做好“两新”组织党建工作，是助推经济社会发展的现实需要。要在“两新”组织中积极探索党组织的设置方式和工作载体，扩大组织覆盖面，持续推进支部建设，注重整治软弱涣散党支部，打造坚实可靠的“战斗堡垒”，而明确“两新”组织党建作用正是强化“两新”党建工作的基础。

（一）从党建的一般性到“两新”组织党建的特殊性

基于“两新”组织党建工作的地位，其作用具有一般性，也有特殊性。讨论党建工作的作用，即讨论党建工作造成的影响是什么。就其一般性而言，党建工作的影响直接反映为党组织的地位以及党组织的活动取得的功效，而谈到党组织的作用，不得不提中国共产党章程对各级党委、党支部、党员的要求，即充分发挥党组织的政治核心作用、充分发挥党支部的战斗堡垒作用、充分发挥党员的先锋模范作用。那么，对于党建工作而言，其本质，就是通过不断提高组织力，促进发挥各级党组织的作用。对此，较多的表述是党建工作具有引领作用、凝聚作用以及政治作用等。

从党建工作的一般性到“两新”组织党建工作的特殊性，论其作用，其实就是将党建工作的内在属性与发展规律同“两新”组织的实际情况结合起来，既要考虑党对“两新”组织的领导，也要考虑“两新”组织本身的发展需求，更要考虑“两新”组织党员的主观能动性。概括地说，“两新”组织党建工作的作用，就是通过有效的管理手段，不断加强“两新”组织内党组织的组织力，促进“两新”组织内党组织充分发挥领导群众的政治作用与引导政治发展的功能作用，引导职工成员在非公领域实现党的政治主张，坚定“两新”组织走中国特色社会主义发展道路，推动党的路线方针政策在“两新”组织中得到贯彻落实。但站在重点论的角度，“两新”组织内党组织以“两新”组织为载体，“两新”组织党建工作又立足于“两新”组织蓬勃发展的基础上，所以，在具体的行为指向上，“两新”组织党建工作还要结合“两新”组织易受市场影响的特征，在推动“两新”组织发展和凝聚职工成员方面进行更加符合实际的价值定位。

检验政党在历史中发挥的作用，关键是看政党能否促进生产力发展。针对社会上一些否定非公经济的论调，2021 年 9 月 9 日的《人民日报》头版今日推出评论员文章《坚持监管规范和促进发展两手并重、两手都要硬》指出，我们党在坚持基本经济制度上的观点是明确的、一贯的，从来没有动摇。事实充分证明，非公有制经济在我国经济社会发展中的地位和作用没有变！毫不动摇鼓励、支持、引导非公有制经济发展的方针政策没有变！致力于为非公有制经济发展营造良好环境和提供更多机会的方针政策没有变！

在当前实行公有制为主体、多种所有制经济共同发展的基本经济制度下，党组织与“两新”组织在价值方面具有促进生产力发展的共同交集，而“两新”组织内党组织的价值与“两新”组织的价值更是呈趋同发展的态势，所以，服务于“两新”组织，服务于“两新”组织的企业家、员工以及其他成员就是党在全心全意为人民服务的宗旨下必须承担和发挥的核心功能。基于这些功能，“两新”组织党建工作的作用直接体现在保障“两新”组织生存、促进“两新”组织发展的实践上。

（二）在工作实际中明确“两新”组织党建的具体作用

“两新”组织在推动创新、增长就业、改善民生等方面的作用愈发突出，“两新”组织党建工作的紧迫性与重要性也日益凸显。然而，组织覆盖面窄、党员流动性大、党建与业务工作融合不足等实际问题仍旧在不同程度上制约着“两新”组织发展。为破除这些问题，必须坚持党建引领，以提升党组织组织力为着力点，推动“两新”组织高质量发展。

一是有效整合社会资源，帮助“两新”组织创新发展。当今世界已反复论证了一个观点：经济发展基于生产力的发展，而生产力的发展有赖于技术上的突破。对于单一企业而言，技术突破并不轻松，需要大量研发成本，且需承担相当大的风险。目前普遍的分担风险、扩大科研投入与产出效果的做法，就是深入推进产学研一体化，而产学研一体化若没有牵头单位，对于具有创新发展需求的单一企业而言也是困难重重。对此，党的全面领导地位无疑是解决所有问题的坚强保障。即使在最偏远的地区，只要有党组织的覆盖，只要党组织坚强可靠，那么协调研发、生产、销售各个方面就不再遥不可及。而“两新”组织党建工作正是加强党组织力的基本保证。以党建促发展绝不是一句空话。

二是维持内部团结，帮助“两新”组织稳定发展。当今社会的利益日趋多元，多元化的利益导向难免引发冲突。因内部利益冲突而引发的矛盾，往往成为压倒“两新”组织生存和发展的一根导火索。此时，基于党的领导作用，党组织的协调作用至关重要，但不可能等问题集中爆发的那一刻才去协调、解决。“两新”组织党建工作，其作用，正是将协调利益冲突、化解内部矛盾的工作做在前面，通过加强“两新”组织内部的向心力，帮助“两新”组织稳定发展。

三是提供价值引领，帮助“两新”组织健康发展。随着全面依法治国的不断深入，各项法律、法规，各地的相关政策无疑是“两新”组织活动的制度规范。而制度建设相较于实践活动往往具有滞后性。某些领域即使是条文清晰、政策先行，也不可避免地存在“中间地带”。如何真正遵守法律、法规，如何有效把握各项政策？其中恐怕不免掺入人的主观能动的因素，但如果越过“红线”，即使伴随“一心一意谋发展”的初心，也不免受到行政干预，受到社会舆论等负面影响，甚至面临法律制裁的灭顶之灾。对此，“两新”组织内党组织的作用再次展现出来。党组织的作用并不局限于维护“两新”组织本身的发展，而且可以作为有效沟通的桥梁来连接上级制定和实施政策的主体单位。把政策搞明白了再行动，明确什么是能做的，什么是不能做的，党组织的作用对于“两新”组织而言绝不亚于其内设的“发展规划部”，而如何准确把握政策，如何吃透法律、法规，一方面需要和上级保持有效的沟通，另一方面也要求党组织自身必须本领过硬。开展好“两新”组织党建工作，不断加强理论宣讲、政策学习，是党的思想建设的重要内容，也是为“两新”组织提供价值引领，帮助“两新”组织健康发展的必要举措。

四是构建人才队伍，帮助“两新”组织持续发展。发展离不开人才，源源不断的人才是一个组织持续发展的根本保障。如今，各级各地党的组织部门正是人才的会集之地，部分地区党的组织部门还针对所属的“两新”组织通盘制订人才规划，为“两新”组织高质量发展提供坚强的人才“堡垒”，甚至组建人才后备库。这对“两新”组织的发展而言，效果不言而喻。人才工作也是党的工作，“两新”组织党建工作立足于协助“两新”组织构建人才队伍，积极举荐人才，帮助“两新”组织持续发展。

三、“两新”组织党建工作的目标

“两新”组织党建工作的目标，即“两新”组织党建工作有什么样的活动预期，要达到什么样的活动目的，标志着“两新”组织党建工作作为一个系统运转的核心方向。

（一）“两新”组织党建工作总体目标

从一般性来讲，“两新”组织党建工作必定围绕着党组织巩固和发展的目标开展，而从特殊性来讲，也要围绕着“两新”组织生存和发展的目标开展。结合“两新”组织党建工作的地位和作用，以上两个目标的方向是一致的，并不冲突。将以上两个目标综合起来，就是要充分发挥党组织的凝聚力和战斗力，促进“两新”组织健康发展，进而充分发挥“两新”组织的社会效益和社会价值。

（二）“两新”组织党建工作具体目标

通过梳理目前“两新”组织党建工作的具体经验做法，在实践指向下，“两新”组织党建工作的目标具体应体现于提升“两新”组织的引领力、凝聚力、学习力、创新力、协调力。

一是引领力。引领力主要体现在思想引领层面。思想理论从来是行动的先导，而提高思想引领力，正是新时代加强党的建设，坚持党要管党、全面从严治党，以伟大自我革命引领伟大社会革命的必然要求。“两新”组织党建工作应重在提高政治站位，将党的创新理论转化为促进“两新”组织健康发展的行动指南，不断夯实理论根基，补足精神之钙，把稳思想之舵，通过思想政治工作这个强大的平台，在思想上行动上始终做到党建重心与“两新”组织发展中心“两心合一”。

二是凝聚力。凝聚力主要作用于“两新”组织内部，通过不断具化“两新”组织全体成员的发展愿景，凝聚统一的发展共识，塑造积极健康的企业文化的方式，通过完善制度、加强管理的方法，提高“两新”组织内部运转成效，而凝聚力同样有核心，有方向。其中还涉及一个如何处理

“两新”组织内党组织建设与“两新”组织生产经营主业之间关系的问题，即党建工作与业务冲突了怎么办的问题。党组织的建设自身能否有效配合“两新”组织的发展是提高凝聚力的关键，或者将其称为“前提”也不为过，但有效配合“两新”组织的发展并不意味着要弱化党组织的作用，而是该做的事情一定要做好，所以，“两新”组织党建工作的第一个目标就朝着“两新”组织的核心发展方向去施加凝聚力，即通过党自觉改造客观世界的先进性和主动性，通过党员带头的先锋模范作用，切实利用好组织关怀及使命感召，将“两新”组织内部的一切积极因素调动起来，发展起来，凝聚在企业的核心决策层面，真正为维护“两新”组织的健康发展发挥作用。

三是学习力。在知识爆炸的信息时代中，“两新”组织的发展充满不确定性。为了不断适应新形势、新环境，“两新”组织必须对发展过程中各种事前无法控制的外部因素变化与影响进行估计和研究。提高学习力就是增强“两新”组织应对不确定性的能力。加强学习氛围、不断提高学习能力是促进“两新”组织持续健康发展的客观需要。中共十七届四中全会提出了建设学习型政党的重大任务。中共二十大以来，关于“学习型社会”“学习型大国”“学习型政党”的理论研究持续引起广泛关注且不断深化。应当看到，通过不断地发展，党组织已经具备了相当成熟的理论学习体系，建立健全了各项学习制度。“两新”组织党建工作的第二个目标就是提升充分利用和发挥党组织的理论学习功能，深化“两新”组织的整体学习氛围，为“两新”组织成员提供有价值的学习目标、有效力的学习驱动、可以持续的学习意愿以及基于发展实际的学习需要，最终提高看问题的方法、解决问题的能力以及展望未来的眼界。同时，也需要“两新”组织内党组织自身加强同“两新”组织成员的联系，从群众中来，到群众中去，激发大家的创新意识，促进大家对问题产生思考；加强同“两新”组织决策层的联系，提高党组织自身对所在“两新”组织发展规律的认识，弄清楚制约发展的瓶颈是什么，摆在面前的实际问题是什么，亟待解决的难题是什么，进而对开展学习活动统筹规划，找到重点，设立主次，定好目标。

四是创新力。随着科学技术的迅猛发展，当前人类社会日新月异。能否跟上时代发展的脚步对任何一个组织都是至关重要的。对于“两新”组织而言，能否持续激发旺盛的创新力是提升竞争力的前提，也是促使组织内部新陈代谢的基本动力。党组织建立在辩证唯物主义这一科学世界观的基础上，通过联系与发展的眼光全面看待问题是党组织从事各项活动的方法论核心，也是党组织的基本功。通过加强党建的方式抓好这一基本功，用联系与发展的眼光探索“两新”组织的客观发展规律，再通过对客观规律的把握促进“两新”组织始终保持自我更新的动力，进而始终保持旺盛的创新力，保持持续健康的发展，正是“两新”组织党建工作的第三个目标。通过对辩证法的把握，将发展、运动、联系的观点牢牢植入“两新”组织的思想建设中，旗帜鲜明地反对“一成不变”，反对“孤立发展”，在“两新”组织内部广泛地传播“既能看到现在又能看到未来”“既着眼于组织内部又放眼大千世界”的基本思想，从而构筑起“两新”组织内浓烈的创新氛围，这正是开展党的思想工作的主要手段，也是提升“两新”组织创新力的基本途径。只有在理念上将“创新发展”的观念树立起来了，才能自觉将观念上的落后、技术上的落后以及方法上的落后看作批判的对象；只有始终保持变革的意识，才能在具体的实践中锐意进取、推陈出新。当然，在提升“两新”组织创新力这个方面，党的组织还要注意发展模范带头作用。这个作用一是反映在理念上，二是反映在具体的实践中。既要为“两新”组织牢固树立创新的意识，也要协助“两新”组织在关键时刻准确定位创新的方向。“两新”组织内党组织要通过有效的组织手段，一方面整合资源，服务于“两新”组织的决策层；另一方面群策群力，将好的想法及时反馈给决策层，最终实现共谋发展、共同发展，而这一切又与党组织本身的综合素质是否过硬密切相关，所以说提高“两新”组织的创新力是党的建设的综合性目标，而非思想建设这一个维度。

五是协调力。发挥协调作用，做好协调工作，这是“两新”组织党建工作强调得比较多的内容，学术界也有人将协调力称为“和谐力”，大意是将整个社会看作一个有机整体，实现“两新”组织的发展与社会其他各方面的和谐发展。在当前的中国社会中，科学发展观已然深入人心，坚持统筹兼顾、全面协调可持续的发展观念已经成为党和国家乃至整个社会倡导的发展观，也是“两新”组织保持可持续发展的思想前提和方法论基础。在科学发展观的基础上，党又提出创新、协调、绿色、开放、共享的新发展理念，而协调发展就是注重解决发展不平衡的问题。所以，对于“两新”组织党建工作的另一目标就是强化“两新”组织的协调力。对此，一是将“两新”组织视为一个整体，提高“两新”组织内部的协调力，使“两新”组织内部能够充分整合资源；二是将“两新”组织所处的发展环境视为一个整体，通过党组织间的相互作用，使“两新”组织能够积极融入社会，融入地方，从而开始与外部环境的和谐共生，以实现可持续发展的目的。具体到党建工作，对内，要积极传播党的方针政策和国家各项法律法规，促进“两新”组织使命感、责任感的提升，要消除“两新”组织的内耗，消除不利于团结协作的不良情绪，加强党组织的群众纽带作用；对外，要协助“两新”组织建构积极向上的外部形象，协助“两新”组织积极融入地方经济社会的发展中，为“两新”组织打造联动外部发展动态的窗口和桥梁。

随着实践活动的不断深入，“两新”组织党建工作也将在实践中不断深化、具体化。我们有理由相信，只要坚持“全心全意为人民服务”的宗旨，切实发挥好党组织的功能和作用，“两新”组织党建工作的目标必将更加清晰，更加到位，并不断为“两新”组织的健康发展注入使命和动力，提供更多的可靠抓手。

第三章

“两新”组织党建工作的指导思想、基本原则和重点任务

一、“两新”组织党建工作的指导思想

思想是行动的先导，理论是实践的指南，中国共产党作为马克思主义政党，高度重视思想理论建设，时刻强调思想理论的重大意义和指导作用。要确保“两新”组织党建工作沿着正确方向前进，创新“两新”组织党建工作机制，完善“两新”组织党建工作制度，不断提升“两新”组织党建工作质量，必须树立正确的指导思想。

党的十九大修订的《中国共产党章程》明确要求：中国共产党以马克思列宁主义、毛泽东思想、邓小平理论、“三个代表”重要思想、科学发展观、习近平新时代中国特色社会主义思想作为自己的行动指南。《中国共产党章程》规定了党的指导思想，作为党进行一切活动和开展一切工作的行动指南，必然也是新时代“两新”组织党建工作的基本指导思想。对此，必须时刻加强党的理论学习，用党的指导思想武装头脑，坚持和加强党的全面领导，坚持党要管党、全面从严治党，坚持党的领导与社会主义事业的内在统一，把党组织和党员的思想统一到中央的部署要求上来，坚决执行党的基本路线和各项方针、政策，带头参加改革开放和社会主义现代化建设，引领、带动“两新”组织为经济发展和社会进步艰苦奋斗，在生产、工作、学习和社会生活中起先锋模范作用，最终将“两新”组织基

层党支部打造为坚强的战斗堡垒。

同时，根据“两新”组织的性质及其在当前社会发展阶段的地位和作用，又决定了“两新”组织党建工作自身的特殊性，而具体的指导思想也相应具有针对性。对此，“两新”组织的党组织必须在贯彻基本指导思想的前提下，进一步明确党建工作服务于经济建设的中心任务，在坚决贯彻党的方针政策基础上实现对“两新”组织发展的有力保障，在明确党是最高政治领导力量的基础上做好“两新”组织的参谋和助手，并按照党的建设基本要求营造工作氛围、改进工作方法、健全工作机制，形成党建工作基本格局，确保“两新”组织始终沿着正确的方向和轨道健康、积极发展。

习近平总书记强调，非公有制企业的数量和作用决定了非公有制企业党建工作在整个党建工作中越来越重要，必须以更大的工作力度扎扎实实抓好。基于总书记的指示要求，将“两新”组织党建工作的指导思想进一步具体化，从实践的角度出发，必须明确以下三个方面的内容。

（一）切实发挥党的政治引领作用

党建引领“两新”组织健康长远发展，是新时代“两新”组织党建工作的出发点和落脚点，而党的政治引领作用又是引领“两新”组织发展的基本作用。我国现有的经济体制是中国共产党领导的社会主义市场经济体制，非公有制经济作为重要组成部分，决定了非公企业的发展必须与党和国家同频共振。非公企业加强党建引领，要把政治引领、政治凝聚摆在突出位置。

新时代党的建设总要求明确以党的政治建设为统领，在“两新”组织开展党建工作，把定政治方向是首要，需要党的组织不断加强政治自觉，发挥政治功能，提升政治作用。对此，一方面，做好对企业决策者的政治引领，引导其拔高政治站位，深刻领会党和国家的重大原则、重大立场、重大利益，用政治眼光分析企业发展问题，高站位谋划确保企业发展不偏航，始终与党和国家的利益保持一致；另一方面，加强对“两新”组织党群力量的政治凝聚，发挥党建引领作用，把广大职工群众紧紧凝聚在党的周围，将对党的政治认同转化为对“两新”组织的发展认同，为“两新”组织又好又快发展提供坚强保障。

一个充满活力的党组织同样也会带动所在“两新”组织蓬勃向上。加强“两新”组织党的建设，还需要强化“两新”党组织的工作成效，需要从现实出发，积极探索党建引领“两新”组织发展的现实路径，实现党的工作与“两新”组织日常经营有效衔接，达成党组织发展与“两新”组织发展内生驱动的一致，并切实发挥党的模范带头作用。

（二）以马克思主义党建理论为基本遵循

加强“两新”组织党的建设，必须正确把握马克思主义党建基本原则，明确党的性质、功能和任务，以进一步探索符合实际的工作方法。

马克思、恩格斯在创建无产阶级政党的实践中，奠定了无产阶级政党理论的基础，作为科学社会主义的重要组成部分，系统地囊括了无产阶级政党产生发展规律、党的自身建设规律和党的领导规律等内容。

马克思、恩格斯在无产阶级革命运动中，创立了无产阶级政党的一般理论和原则，并在无产阶级革命具体实践中丰富和发展。对建立无产阶级政党的目的和重要性、建党的性质和目标以及建党的方法和途径进行了全面阐述，为无产阶级政党的建设和发展提供了理论依据，也为无产阶级夺取和巩固政权指明了道路。列宁的党建思想继承了马克思、恩格斯党建思想的一般原则和理论，并提出了适合俄国革命和建设苏联社会主义的新观点、新思路。列宁是发展和创新马克思主义党建学说的关键核心人物，因为列宁在建设自己本国无产阶级政党时，创造性地将马克思建设政党理念与俄国本国的形势和革命实践结合在一起，建立了新型的无产阶级性质的政党，在其带领下展开了同样性质的革命行动并取得了成功，成立了世界上首个具有社会主义性质的国家。列宁在夺取政权的实践中和巩固政权的过程中，将马克思主义党建理论创造性地运用，并将其拓展和完善，形成了列宁党建理论。如何建党以及如何加强党的建设的问题，都成了马克思主义政党自身建设的理论依据和原则性内容。

中国共产党历来重视党的建设。中国共产党在建党、强党的实践中始终坚持马克思列宁主义关于工人阶级的基本原则和基本方法，同时也注重将理论与实际结合、与时代结合、与世情结合，不断地充实和完善马克思主义党建理论，始终为党的建设提供着充分的养料以及保持着旺盛的生命力。在当下历史阶段，还需要特别注意坚持以马克思主义中国化的党建理论成果为指导，在“两新”组织中坚持党的政治本色，发挥党组织功能。在“两新”组织开展党建工作，必须着眼于努力提升基层党建成效。

1. 准确把握党的性质。必须时刻牢记党是中国工人阶级的先锋队，同时也是中华民族的先锋队，既把握好工人阶级的特性，也要把握好党肩负的中国工人阶级和中华民族的双重使命；必须坚持党的领导地位，在各个层面、各个领域的工作中明确党是中国特色社会主义事业的领导核心，明确党的领导是中国特色社会事业胜利的根本保证；必须坚持党代表中国先进生产力的发展要求，代表中国先进文化的前进方向，代表中国最广大人民的根本利益；必须牢牢把握党的特征，强调党的阶级特性，也要强调党在思想、组织、制度各个方面的先进性、纯洁性和群众性。

2. 坚持加强思想教育和理论武装。思想建设是中国共产党的固有特征和重大优势，只有加强党的思想建设才能始终具有崇高理想，才能始终成为中国工人阶级有共产主义觉悟的先锋战士。随着当前新冠疫情的影响，我国经济客观存在下行压力，但不能因为经营主业将理论学习、思想锻炼弱化、虚化，反而更应通过加强思想教育和理论武装强化“两新”党组织的干事创业热情，进而增强“两新”组织凝聚力，发挥党组织牵引力和推动力。

3. 持续推进党的建设质量。实践充分证明，只有严格规范，突出问题才能得到有效解决，党的建设质量才能真正提高。对此，需要压实责任链条，聚焦目标任务，强化工作举措，高标准严要求抓好各项任务落实。这也正是基层党建应当把握好的重要内容。“两新”党组织要加强党务工作者队伍建设，建立起基层工作的骨干力量，并不断改进党的活动和各项工作方式方法，打造标准化工作流程，在严格制度建设的基础上巩固督察、检查等工作机制。

（三）推动“两新”组织高质量发展

在“两新”组织进行党建工作，必须依据马克思主义政党建设的基本原则与方法，但正如马克思主义必须与具体实际相结合才有生命力，“两新”组织的党建工作也要贴合“两新”组织的发展实际才有生命力。在明确党组织对“两新”组织引领作用的同时，也需要重点把握“两新”组织自身发展前途和发展特征。

在当前时代条件下，经济发展进入新常态，我国经济呈现出新的阶段性特征。新常态没有改变我国经济发展长期向好的基本面，但对于“两新”组织而言，适应新常态的根本目的必须是实现自身高质量发展，这关系到“两新”组织生存与发展的根本，而在推动“两新”组织高质量发展上，在强调党组织引领作用的同时，必须创新党建工作思想观念，党组织自身要不断转变思维，不断更新对“两新”组织经济社会发展条件的思想认识。对此，需要注意党建工作服务于中心的重要作用，不断探索新形势下适合创新发展的党建工作体制，不断创新宣传思想工作，围绕发展抓党建，抓好党建促发展的理念，切实加强党的建设，在“两新”组织发展转型中积极发挥作用，为单位的积极发展提供强大的组织基础和精神动力，提高服务人民意识建设，做到努力为职工群众办实事、办好事，以党建工作实效推动业务工作顺利完成。

在当前“两新”组织中，党建是非常重要的工作。做好党建工作，做到思想高度重视，坚持典型引路、示范带动的工作思路，工作常抓不懈，水平不断提升提高，探索党建与业务深度融合，从理论要求到具体实践、从局部到整体推进的贯通，与时俱进，实事求是，才能更好地引领“两新”组织的发展。

二、“两新”组织党建工作的基本原则

原则即行事依据的准则，如果说指导思想起着指导、指南的作用，那么原则就起着底线的作用。党的建设是一项严肃的工作，加强党的政治建设是马克思主义政党的根本要求，也是锻造我们党坚强无比领导力的根本性建设。做好新时代的“两新”组织党建工作，必须增强“四个意识”，坚定“四个自信”，做到“两个维护”。具体来说，有以下四个重点内容需要把握。

（一）明确坚持党建原则的重要性

基层是社会治理的基本单元。基层党组织和基层政权建设是国家治理体系和治理能力现代化的重要环节，是执政党的永恒命题。新时代基层党建的总体格局，是由改革开放之前就出现的农村党建、国企党建等传统领域党建，以及改革开放和发展市场经济以来出现的城市社区党建、非公企业党建、社会组织党建等新兴领域党建，共同构成的总体格局。基层党建是党的建设大厦的根基，是党的建设体系中最活跃、最具创新质感的部分，往往处于党的建设的最前沿、第一线，直接面对党的建设中纷繁复杂的新情况、新矛盾、新问题。只有把基层党组织建设好，才能为社会治理提供有力的政治和组织保障。

新时代城市基层社会治理需要进一步发挥党委总揽全局、协调各方的

领导作用，继续推进基层党组织组织体系、制度体系和运行体系创新。社会治理创新迫切需要城市基层党委提高统筹协调能力。按照党委领导、政府负责、社会协同、公众参与、建立基层“一核多元”的社会治理结构，明确基层党组织在社会治理中领导者、协调者、保障者、激励者的角色定位，提高统筹协调能力。随着城市社会管理体制的深刻变革，单位的社会功能逐步剥离，“单位办社会”逐渐成为遥远的历史。从社会治理的角度来看，在旧的城市管理体制打破之后，必须有相应的组织来承接原本企事业单位的社会职能。在城市社会治理体系中，城市基层党组织是唯一能够自上而下、一贯到底的治理单元。因此，从单位剥离出来的社会职能大部分转交街道社区承担，城市社会治理的中心不断下移，大量的社会性事务下沉到城市社区，城市基层党组织在公共服务、公共管理、公共安全等方面的职能得到明显强化。城市基层党组织不仅要承担联系群众、服务群众等工作，而且要承担社会领域的各项任务。日益繁杂的城市基层社会事务与城市基层党组织有限的资源和职权之间形成巨大张力，工作负担过重已经成为城市基层党组织面临的突出问题。

（二）在开展“两新”组织党建工作中坚持基本原则

党的基层组织是党的组织基础，是党全部工作和战斗力的基础。中国共产党历来重视组织建设，然而在一段时间内，一些基层党组织却存在着有名无实、形同虚设，党组织不健全、不能很好地发挥战斗堡垒作用等现象。为此，在“两新”组织党建方面，要坚持“四项原则”，确保党组织在“两新”组织中的全覆盖，让党组织在“两新”组织中切实发挥战斗堡垒作用，不仅肩负起宣传党的主张、贯彻党的决定、团结动员群众、推动改革发展的使命，更要推动党建引领，创新基层治理，将党的领导切实贯彻于社会治理的各方面、全过程。

一是组建工作要坚持循序渐进，不能求一时大而全、“全覆盖”。在中央的统一部署下，各地、各级、各部门纷纷制订工作计划和工作措施，加大“两新”组织党组织建设工作力度，取得了很好的成效，但是，一定要防止组建工作的“一阵风”，避免组建工作“活动化”，让组建工作走了过场，走了形式。在组建工作中，要坚持循序渐进，避免“水过地皮湿”的现象，确保组建工作脚踏实地，富有成效。

二是组建工作要坚持建一个成一个，确保发挥作用。加强“两新”党组织建设工作至关重要，在教育凝聚人心、宣传推动、文化引领、内外协调以及资源整合等方面都发挥着重要作用。因此，要把组建工作当成一项严肃的政治任务来抓。要在“两新”党组织建设工作中，严格程序，规范健全各项规章制度，成立组织机构，真正做到组建一个、成功一个，确保党组织的战斗堡垒作用得到充分发挥。

三是组建工作要坚持以点带面，注重示范引领。做好“两新”组织的党组织建设工作情况复杂，任务艰巨。要坚持以点带面，下大力气做好部分“两新”党组织建设工作，树立典型，总结经验。同时，对于在组建过程中发现的问题和不足，进行及时总结整改，顺利推动党组织建设工作。要充分发挥典型示范带动作用，引领其他“两新”党组织建设工作，让该项工作在典型示范中走向深入。

四是组建工作要坚持因地制宜，注重取得实效。每一个“两新”组织都有自己的实际情况。因此，在组建过程中，要坚持因地制宜，注重调查研究，坚决摒弃“批发式”工作模式，防止“千面一孔”，组建出真正有自身特色，能助力本组织发展的党组织。

（三）在党内政治生活中明确基本原则

党内政治生活正常化是党始终保持先进性与纯洁性的基本要求。严肃认真的党内政治生活是锤炼党性的“大熔炉”、纯洁党风的“净化器”，是坚持党的性质和宗旨、保持党的先进性和纯洁性的重要法宝。作为马克思主义政党，先进性与纯洁性是中国共产党的根本特征。正常、健康的党内政治生活为保持党的先进性和纯洁性提供了重要的环境、场域、路径与方法。坚持问题导向，经常开展严肃认真的党内政治生活，发挥党内政治生活的应有功能，体现党内政治生活的原初本色，形成既严肃认真又生动活泼的政治氛围，将党内问题和矛盾真正放在政治生活中加以解决。通过开展严肃认真的批评和自我批评，让批评“有辣味”，让建言“有品位”，实现精神的升华、思想的提高，使党性真正得到锤炼，教育改造党员干部，防范自由主义、好人主义、个人主义现象滋长，杜绝不讲原则、不讲纪律甚至搞小圈子、小团体的情况发生，推动实现党内政治生态净化，党风政风民风清朗。

党内政治生活正常化是党增强拒腐防变和抵御风险能力的保证。建设廉洁政治，坚决反对腐败，是加强和规范党内政治生活的重要任务。中国共产党是有崇高理想的政党，党内不允许存在政治利益集团，严禁在党内拉私人关系、培植个人势力、结成利益集团。党内政治生活正常化，就是要发扬党的优良传统，净化党内政治生态，建设风清气正的党内政治文化，保障党内政治生活没有利益交换，没有政治交易。开展严肃认真的党内政治生活，有效激活党内政治生活的政治教育功能，使“两新”组织领导与基层党员群众严格遵守纪律和国家法律，保持党的肌体健康和队伍纯洁。因此，要坚持不懈严格党内政治生活，坚决反对党内政治生活庸俗化，增强党内政治生活的政治性、时代性、原则性、战斗性，广大党员、领导干部在党的政治生活中接受教育，锤炼党性，才能真正成为中国特色社会主义事业的建设者、捍卫者，人民利益的维护者。

（四）在全心全意为人民服务中强化基本原则

为人民服务是指“为人民的利益而工作的思想和行为”，是由毛泽东同志最先提出的共产主义道德的基本特征和规范之一，也是中国共产党党员和中华人民共和国国家机关及其工作人员的法定义务。需要牢记的是：党员身份不仅是一种荣誉，更是一种神圣的责任。

党章开宗明义宣告：“中国共产党是中国工人阶级的先锋队，同时是中国人民和中华民族的先锋队。”规定党“坚持全心全意为人民服务”，“在任何时候都把群众利益放在第一位，同群众同甘共苦，保持最密切的联系”。中国共产党与人民休戚与共、生死相依，除了工人阶级和最广大人民群众的利益，没有自己特殊的利益，从来不代表任何利益集团、任何权势团体、任何特权阶层的利益。我们党来自人民，党的根基和血脉在人民，为人民而生，因人民而兴，始终同人民在一起，为人民利益而奋斗，是我们党立党、兴党、强党的根本出发点和落脚点。

新时代新征程，在“两新”组织中开展党建工作，虽身处基层，但随着社会治理结构的深刻变化，随着生产经营分散化以及人员流动的加剧，同样面对艰巨繁重的改革发展稳定任务，并直接面对来自一线的严峻复杂的风险挑战，我们要进一步增强宗旨意识，始终坚持全心全意为人民服务的根本宗旨。

三、“两新”组织党建工作的重点任务

改革开放四十多年来，随着我国新型工业化、信息化、城镇化、农业现代化同步推进，社会组织形式日益多样，城市社会阶层更加多元，人口流动更加频繁，我国城市社会结构、生产方式和组织形态发生了深刻的变化，由此带来城市基层党建工作的环境、对象、方式也发生了深刻的变化。城市基层党组织如何适应现代化带来的全方位、深层次的变化，增强自身的调适性，在现代化进程中始终成为领导基层治理、团结动员群众、推动改革发展的坚强战斗堡垒，这既是一个重要的理论问题，也是一个重大的现实问题。

（一）以政治建设为统领，建设党坚强有力的基层战斗堡垒

党的十九大第一次把党的政治建设纳入党的建设总体布局，这是十九大在党建方面最大的创新。党的基层组织是党全部工作和战斗力的基础，是党领导和执政的重要基础。城市基层党组织，是党实现对社会主义现代化的坚强领导，推进城市治理现代化的组织基础，具有牵一发而动全身的特点。

1. 完善领导体系，推进组织架构标准化。在当前两新党建管理体系基础上，需要进一步厘清思路、把握方向、凸显纵横结合的管理架构。一是构建“1+3+N”领导体系。“1”是指“两新”工委，市、县（区）委都要建立“两新”工委，并成立“两新”党建职能科室，落实专项编制，配备专职人员；乡镇（街道）要配备组织员，主抓“两新”组织党建工作，选派党建指导员（联络员）加强党建工作指导。“3”是指商会党组织、新社会组织促进会和个私协会党组织，通过团结和凝聚所辖企业与组织内的党员队伍，充分发挥行业与党委政府间的桥梁纽带作用。“N”是指符合各地实际、结合行业特色组建的“两新”党组织。二是健全“两新”工委工作机制。在明确各县（区）、各委员单位工作职能的基础上，努力形成齐抓共管的工作局面；各地各单位要结合自身实际，提出具体的工作目标，落实切实可行的工作举措，建立健全各项工作制度和沟通机制；要通过实行“两新”组织党建工作目标管理，将任务分解细化，层层落实，通过建立督查通报制度，确保工作顺畅，措施落实到位。三是优化“两新”组织党建队伍。按照守信念、讲奉献、重品行，懂经营、会管理、善协调，热爱党务工作和熟悉群众工作的标准，选优配强党组织书记，选择部分基础较好的“两新”组织开展公推直选、述职评议等工作试点；实行“两新”党组织工作指导员选派计划，每一个“两新”组织都要有一名党建指导员联系指导，实现全覆盖；组织实施“党员蓝领成才计划”，

推行"一方为主、接续培养、两地考察、互相衔接"的做法，确保党员发展工作质量，各县（区）及有条件的乡镇（街道）要建立"两新"组织党务工作者协会及人才库；要加强"两新"组织中流动党员管理，推行"一方隶属、多重管理"，落实党员信息卡制度，充分发挥流动党员先锋模范作用。

2. 突出区域化组建，推进党建全覆盖标准化。各级"两新"工委要综合运用区域统筹的理念，进一步摸排辖区党建资源，加强党建动态研判，全力实现党建全覆盖目标。一是突出区域化党建全覆盖。以区域化党建为抓手，科学划分党建单元，采取园区（商圈）统建、行业（产业）统建、楼宇统建、市场（街区）统建、村企（社企）统建等不同模式，分类推进"两新"党组织覆盖工作，构建起"条块结合、全面覆盖"的组织体系。二是发挥党建"孵化器"作用。对条件暂不具备尚未建立党组织或暂时没有党员的企业，要利用党员服务中心（党建工作站）、区域化联建党组织等组织载体，充分发挥党建"孵化器"作用，有方向、有计划、有组织地向企业（组织）推荐、输送优秀党员职工，为建立和强化党组织创造条件。三是理顺党组织隶属关系。按照有利于"两新"党组织开展活动、发挥作用的要求，及时调整和完善党组织隶属关系，明确管理主体；对专业性、行业性较强的"两新"党组织，经所在地党组织同意，可依托相关管理部门或行业协会（商会）等党组织，实行归口管理；对规模和影响较大、党员人数较多的"两新"党组织，可由县（区）党委直接管理。

3. 挖掘内部优势，推进组织运作标准化。随着"两新"组织党建标准化工作的推进，在夯实外部条件基础的同时，必须进一步加强内部治理和优势挖掘。一是科学建立内部制度。按照"基层组织建设年"活动要求，落实支部领导有班子、议事有规则、工作有场地、办事有保障、作用发挥有平台等"五个有"标准；健全党员发展机制、教育培训机制、支部运作机制、服务管理机制、党建活动机制等"五项机制"，推动"两新"党组织运作规范化。二是建立双向互动机制。按照"党建强、发展强"的要求，探索党组织与企业管理层共同学习、共同参与重要会议、定期沟通恳谈等制度；邀请企业出资人、经营管理人员参加相关活动，注重发挥企业管理层中党员工会主席的作用，做好党建工作宣教；按照企业（组织）需要、党员欢迎、职工赞成的原则，取得出资人理解和支持。三是探索开放式党组织活动。与群团组织活动统筹安排、联合开展，促进活动共融、功能互补；开展"一句话承诺""闪光言行"展示、"三培养两推荐""党员先锋岗位"等活动，激发党员职工干事创业热情；在打造"两新"组织先进文化上创先争优，开展以"一企一特"为主要目标的先进文化建设。

4. 加强资源整合，推进要素保障标准化。"两新"党组织作用能否有效发挥，是否有创造力、战斗力和凝聚力，健全的要素保障体系是关键。一是保障活动经费。将"两新"党组织工作经费纳入企业（组织）管理费用，建立并落实税前列支制度；建立以财政拨款、党费补贴为主，政策引导与企业自筹相结合的党建经费保障机制，积极拓宽党建资金保障渠道，确保有钱办事。二是保障活动场所。按照有场所、有设施、有标志、有党旗、有书报、有制度的"六有"标准加强党组织活动场所建设。采取资源整合、企业自筹、上级党组织支持相结合的方式，帮助党员数量较多、条件具备的企业（组织）统一建设固定的活动场所。三是取得企业出资人支持。各级党委组织部门、"两新"工委要同统战部门抓好出资人的教育培训工作，要定期邀请出资人、经营管理人员参加党的活动，增强他们对党建工作的认同感，要将"两新"组织负责人、出资人支持党建工作作为推荐担任"两委员一代表"以及各类社会职务的重要依据。

5. 实施评分定级，推进评价体系标准化。"两新"组织党建作为基层党建的新领域，必须逐步建立一套科学、有效、可操作性强的考核评价体系，各级"两新"工委要在领会上级文件精神的基础上，结合实际，坚持边摸索边思考，边总结边推进。一是分类制定考评标准。根据“工作体系更加健全、党建覆盖更加完善、工作成效更加明显、保障机制更加到位、评价体系更加科学”的要求，制定各级“两新”工委考核评价标准；结合各地“两新”组织实际，制定规范详细的“两新”党组织考核评价标准，加强分类指导，实施项目化管理。二是实施标准化认证。各地“两新”工委要定期开展自查，开展对下级党委的考评，研究制定所辖“两新”组织党组织标准化认证的操作办法，明确认证细则，规范认证程序，使基层“两新”党组织评有标准，争有方向。三是推进“两新”组织晋位升级。根据“先进党组织上水平、中间党组织上台阶、后进党组织换新貌”的目标，与“双强争先”活动有机结合，切实转化一批后进党组织、提升一批一般党组织、巩固扩大一批先进党组织，重点突出后进党组织的帮扶提升、整顿转化，不断推进其晋位升级。

（二）推动组织工作高质量发展，实现党组织的全覆盖

基层党组织作为领导核心，应当充分发挥其在社会治理中的重要作用。加强和创新社会治理，根本任务在于通过不断加强基层党的建设，将党的领导深深植根于广大人民群众当中，进而实现党对社会治理的领导，依靠群众加强社会治理。加强基层党建，要推动党的组织和党的工作的全覆盖，就是要推动党的组织有效嵌入各类社会基层组织，党的工作有效覆盖社会各类群体，为坚持和落实党的领导、发挥基层党组织战斗堡垒作用与党员先锋模范作用奠定坚实基础。对于符合组建党组织条件的，做到应建尽建；对于暂不具备组建条件的，加强党的工作，切实做到哪里有群众哪里就有党的工作，哪里有党员哪里就有党的组织，哪里有党的组织哪里就有党组织作用的充分发挥。

提升基层党组织的覆盖面，打通“最后一公里”，为新的社会组织提供必要的政治保障和组织支撑，不仅是社会组织自身健康成长的需要，把

社会组织紧紧团结凝聚在党的周围，还能不断扩大党的群众基础，为全面建成小康社会和实现中华民族伟大复兴的中国梦凝聚广泛力量。

（三）发挥领航作用，引导促进非公经济健康发展

2017年10月修订后出台的十九大新党章，第一次将社会组织党建的内容写入党章中，明确指出，“社会组织中党的基层组织，宣传和执行党的路线、方针、政策，领导工会、共青团等群团组织，教育管理党员，引领服务群众，推动事业发展”。其中，特别突出了党的基层组织“推动事业发展”的职能职责定位。这一职能职责定位，是要实现社会组织党建与社会组织所属所处所在行业的有机统一、深度融合，真正在社会组织中构建形成“围绕业务中心工作抓党建、抓好党建促进业务中心工作开展”的良性互动共赢局面，以切实规避党建工作与业务中心工作不兼容、不相容的“两张皮”问题。“两新”党组织致力于探索建构党建与所属所在组织、行业深度融合的体制机制，以党建为有力抓手，依托党群服务中心、城市驿站、红色会客厅等新的党建组织形式进行整合。更重要的是，基于新党建空间内组织的聚合，搭建起基于街道社区、单位、企业、楼宇组织等多主体的复合型党建组织体系，大大增强了基层党组织的组织整合能力和组织领导能力。进一步融合机关党建、“两新”组织党建和区域党建，强化了“横纵关联”。进而把基层党组织的组织形态和空间物质形态结合起来，构建了空间和组织上聚合的复合型党组织体系，提升了党组织自身的领导能力。

（四）加强党的领导作用，充分整合社会力量

按照现代治理理论的观点，治理意味着多元主体的共同参与，多方力量的协同行动，多种资源的有效整合，从而实现社会的和谐有序与良善治理，然而，通过调研发现，“两新”组织与其内部其他治理主体各自独立，

未能将党建资源与其他治理资源进行有效整合的现象较为普遍。主要是“两新”组织与其他基层党组织间融合度不高。在城市社区中，机关单位、社区和“两新”组织（新经济组织和新社会组织）等基层党组织在同一社区范围内共存是普遍现象，但这些基层党组织之间相互独立，各自独立开展党建工作，相互之间交往和融合度不够。因为缺乏整合，所以暴露出基层党组织的设置和作用发挥出现重合、交叉甚至出现真空地带等问题，党组织条块分割、资源分散、党员管理服务覆盖面不广、党员发挥作用平台欠缺等问题也不同程度存在，社区内基层党建工作缺乏有效统筹推进。

如何通过基层党组织的价值引领，充分发挥其统筹协调和组织动员作用，推动社区单位和居民的共同体意识，提高其内在的价值认同和归属感，不断激发它们的内生动力，是新时代基层党建引领社会治理创新面临的重大课题。让不同参与主体之间的互动更加紧密，使各类短期即时活动向长期化、制度化发展转变，把党的政治组织优势真正转化为社会治理新动能。

（五）发挥组织优势，做好人才工作

党在“两新”领域人才工作的基本要求，是与党的人才工作总要求一致的，那就是实施人才强国战略，最大限度、最为广泛地凝聚社会人才。新时代是人才的时代，党组织应该成为党员之家，也应该成为人才之家。做好“两新”组织党建工作，最终就是做好人的工作，需要发挥组织优势，同心同德地为“两新”组织发展提供人才、培养人才、团结人才。

在具体开展人才工作过程中，必须凸显服务的理念，积极探索为“两新”领域人才服务的方法途径。在工作指导上，做好培育“两新”组织人才全面发展方面带有全局性、导向性事务的沟通、谋划和服务；在工作方法上，重视发现、培养和推荐“两新”领域各类人才，建立综合协调平台和协调机制，做好综合型人才战略规划；在工作方向上，发挥党组织“伯

乐"作用，需要深入基层，深入生产经营一线，面对面与职工群众交流，心贴心与职工群众沟通。唯有如此，才能听得清、看得切，了解到职工群众中的"千里马"。

在整个"两新"组织人才氛围的构建中，也要重视党建引领，发挥党组织"凝心聚力"作用。促进人才队伍建设的落脚点，增强党组织的凝聚力和向心力。需要特别明确的是：思想政治与党建引领两者相辅相成密不可分，也是吸引人才、留住人才、用好人才的关键所在。组建优秀的人才队伍，既是党组织宝贵的人才资源，也是党组织实现高品质发展的基础。只有把思想政治工作在人才中做细做扎实，才能使其在各自的岗位上恪尽职守，做到人尽其才凝心聚力，推动党建工作高品质开展。

在人才选拔和评价体系中，需要把握党的先进性和纯洁性的根本要求，同时以点带面，带动整个"两新"组织形成正确的人才观，保证选人用人基本导向不偏离。要以真才实学为导向，以小事小节为导向，以担当实干为导向，协助"两新"组织把好选人关，并带动形成积极健康的人才选拔和评价氛围。

人才作为党建工作做"深"、做"实"的"魂"，做好人才队伍的建设要求我们"人群在哪里，党建工作就延伸到哪里"，探索党建新思路、新方法，使服务发展"接地气"，加强后备干部培养，建立后备干部人才库，努力造就一支结构合理、素质优良的后备干部队伍，有效增强"两新"组织发展的原动力。

第四章

突出以“互促”思维开展“两新”组织党建

“互促”思维是指通过“两新”组织党建促进“两新”组织的生产经营，同时，通过“两新”组织的生产经营促进“两新”组织党建发展，实现“两条腿”走路的思维。突出“互促”思维开展“两新”组织党建，既能激发企业生产活力，提升企业经济效益，促进企业可持续发展，又能持续巩固、扩大党的组织和工作覆盖面，引导“两新”组织主动承担社会责任、参与基层社会治理，为促进社会和谐稳定贡献“两新”组织力量。

一、以政治建设为统领，牢牢把握党建促生产经营方向

抓好“两新”组织党建工作，事关巩固党的执政基础和改革发展稳定大局。“两新”组织是经济社会发展的重要组成部分，是文化交融、思想激荡的重要领域，会聚着大量社会精英、管理人才、专业技术人才等，社会影响力大。开展“两新”组织党建的目的就是通过党建引领，提高政治觉悟，引导“两新”组织坚持正确的政治方向，依法经营，照章纳税，引导各方面优秀人才坚定政治立场，爱党报国、发挥专长，以党建和“两新”组织互促共赢为目标，巩固、扩大党的组织覆盖和工作覆盖，推动企业可持续高质量发展。基于此，我们要以政治建设为统领，牢牢把握党建促“两新”组织的生产经营方向。

（一）坚定政治信仰，推动科学理论武装和引领企业航向深度融合

1. 引领“两新”组织坚定正确政治方向。一是健全完善政治关怀向一线产业工人倾斜机制。通过新经济组织和新社会组织组织党员采取“三培养两推荐”“产业工人推优入党”、推荐一线产业工人作为“两代表一委员”人选、增加产业工人在劳模工匠等各类先进评选中的比例等举措，不断提升产业工人政治地位、社会地位。二是聚焦“三种精神”，突出劳模工匠示范引领作用。坚持以劳模精神、劳动精神、工匠精神为指引，通过班前组织劳模工匠宣讲、组织观看视频、小故事分享等形式，让身边的劳模工匠结合自身实际情况讲述自身成长与企业发展的故事，以身边的榜样力量团结引领职工，听党话、跟党走，推动企业上下形成学习楷模、崇尚模范的良好风尚，鼓励广大产业工人争当有理想、守信念的最美奋斗者。三是加强企业文化建设。将优秀的传统文化、先进的企业文化融入到职工的思想政治工作中，使思想政治工作和企业生产经营工作互促共赢。为“两新”组织高质量发展提供坚强的政治保证、思想保证和组织保证。①

2. 引领“两新”组织履行社会责任。新的社会阶层人士是市场经济的践行者，其企业都具有一定的趋利性，追求经济效益。党的十八大以来，习近平新时代中国特色社会主义思想不断深入人心，在追求经济效益的同时，大部分新的社会阶层人士都具有较强的社会责任感，他们既注重企业经营运作的经济效益，也注重企业发展的口碑和社会形象。他们通过慈善事业等公益事业来帮助社会弱势群体，承担起社会责任。比如，百色市右江区关工委、“两新”组织党工委、教育工委以及社会爱心人士到右江区迎龙第二小学开展“携手关爱，与爱‘童’行”“六一”儿童节慰问

① 刘若实．共同富裕背景下非公企业产业工人思想政治建设路径研究——基于浙江非公企业产业工人思想状况调查［J］．天津市工会管理干部学院学报，2023（02）：25.

活动，分别向迎龙第二小学捐赠一批学习和体育用品，20名生活暂时困难学生代表接受了捐赠。百色市右江区关工委黄兆明主任表示，“爱心企业和爱心人士捐赠的是爱心，传递的是希望，是对孩子们的亲切关怀，是对学校发展的支持，希望学生珍惜和牢记，将来用实际行动回报社会。”充分彰显了百色市右江区两新联组织的号召力和凝聚力，展现出了新的社会阶层人士的责任与担当。

3. 引领“两新”组织找准发展方向。坚持中国共产党的领导是中国特色社会主义的本质特征，是中国特色社会主义制度的最大优势。“两新”组织是党领导的国家治理体系的重要组成部分。坚持和加强“两新”组织的党组织建设是既是马克思主义执政党执政规律和自身建设规律的要求，也是建设中国特色社会主义的内在要求，还是“两新”组织改革与发展的必要要求。新时代以来，多数“两新”组织能较好地贯彻落实中央关于企业党建的方针、政策等方面的重大部署，企业党组织活动的开展基本能够融入中心工作，党组织的力量在企业发展的过程中得到了不断加强，企业党组织成为保证企业改革健康有序推进的重要力量。但“两新”组织党建存在的突出问题也不容忽视，表面往往是“不重视”，内里则多为认识不到位、能力不到位。一是业务与党建融合难，在落实党的路线、方针、政策等方面存在方法不适用、态度不坚决、执行不到位。二是党建工作站位有偏差，贯彻“坚持党对‘两新’组织的领导不动摇”“坚持服务生产经营不偏离”“坚持党组织对‘两新’组织选人用人的领导和把关作用不能变”“坚持建强‘两新’组织基层党组织不放松”要求不到位。三是全面从严治党工作严不起来细不到位实不到底，导致党组织作用、党员作用不系统、不突出、不清晰。在党的全面领导下，创新“两新”组织党的建设的工作机制，可使“两新”组织的企业文化建设、人才队伍建设、综合管理水平等得到改善和加强，进而打造“两新”组织在市场竞争中的核心竞争力；而不断提升的“两新”组织核心竞争力，必将使“两新”组织在市场竞争中取得相对优势，增加经济效益，为“两新”组织中的各级党组织和广大党员，提供坚实的物质保障，为我们党进行自我净化、自我完善、自我革新、自我提高提供物质保障，营造良好环境。

（二）坚持政治领导，推进加强党的领导和现代两新企业治理深度融合

1. 创新运用了“党建+”模式，促进了党建业务双融合。从党委研究部署、责任制度设定、考核激励引导入手，发挥了支部书记作为党支部建设的“领头雁”作用，从制度上引导形成抓党建从业务开始、抓业务从党建入手的工作机制，促进党支部日常工作与业务工作有机融合，一体推进。坚持以习近平新时代中国特色社会主义思想为指导，认真落实相关要求，结合中心工作，找准切入点，将攻坚难点作为党建工作的重点，探索做好基层党建工作的新举措，将党建工作与“两新”组织文化相结合，每月组织活动，党小组成员对党员逐项打分，找出不足，改进工作，加强党支部建设与重要项目深度融合。

2. 构建党建价值创造评价体系，完善考核评价机制。一是围绕党支部党建工作引领业务工作，具体为领导表率力、目标计划力、支部战斗力、资源保障力、过程执行力、改进成长力、价值转化力。以“卓越过程创造卓越结果”为基本理念，构建党支部工作战斗堡垒作用管理模型：以领导表率力为统领，改进成长力为驱动，推动党支部战斗堡垒作用转化为企业核心价值。二是梳理党建工作各价值间的逻辑关系，两新企业党建工作以创造政治价值为统领，以服务于核心价值创造为中心，创造输出组织价值、队伍价值、管理价值、保障价值，并同步产生成长价值，推进自身工作持续改进。三是采用“个人自评、领导点评、群众测评”的评价形式，通过自查、互查和抽查保障考评过程的公正性和科学性；实行评价、反馈、奖惩、整改等考评程序，从检验党建工作是否实现价值创造入手，对

照标准、验证效果、科学评价，得出考评结果。通过“引领促进”，落实“把党支部书记岗位作为培养选拔企业领导人员的重要台阶”等考核制度、监督制度的价值导向、行为导向，促进树立正确的业绩观、荣辱观，强化“抓好党建是第一政绩”的行为观。在评价工作中，不仅考核结果，还要考虑推动工作过程的方法措施、考虑员工素质能力提升、考虑单位整体能力水平，引导责任主体由自发到自觉的高度实施“引领促进”，通过创新机制去提升组织效能，实现个人能力的提升，实现理想抱负，以强业绩、强能力、强贡献实现个人价值。

（三）强化政治功能，推动党建政治优势和企业发展优势深度融合

“两新”党组织把发挥政治优势、夯实政治根基和强化政治建设作为强化政治功能的重要抓手，以党的政治优势引领和推动“两新”组织实现高质量可持续发展。

1. 坚持一体推进党的组织体系建设。基层党组织作为整个党组织的“神经末梢”，既是党的全部工作和战斗力的基础，也是确保党的路线方针政策和决策部署贯彻落实的基础。建立健全包括组织设置、组织生活、组织运行、组织管理、组织监督等在内的完整组织制度体系，认真落实上级党组织工作条例、党组工作条例、支部工作条例等法规制度，把党的建设落到实处，把党的领导贯彻落实到位。始终按照有利于加强党的领导、有利于开展党的组织生活、有利于党员教育管理监督、有利于密切联系群众的原则，健全完善党组织设置，确保“两新”组织每一名党员都纳入党组织的有效管理。一是应建尽建、应换尽换，保持党建工作力量。按照“四同步、四对接”要求建立党组织，做到应建尽建、应换尽换，做到企业发展到哪里，党的建设工作就开展到哪里，党的组织和党务工作力量就充实补强到哪里。同时，做到党组织负责人同步配备，党的工作同步开展。二是坚持紧扣两新企业业务抓好贯彻落实。落地才能生根，本固才能枝荣。

中共中央出台《中国共产党组织工作条例》，就是着眼推进党的组织工作科学化制度化规范化，提高党的组织工作质量的一项顶层设计，百色市坚持以提升组织力为重点，不断强化党对非公企业基层组织的领导，扩大党的影响力，形成党建工作与业务齐头并进的局面。以推动高质量发展为目标，积极选用具有相应专业素养、具备领导现代两新企业建设能力的党员干部职工，不断强化能力素质培养，大力提振两新企业广大党员干部职工干事创业精气神。定期对相关“两新”组织党员配备情况进行统计分析，动态掌握“两新”组织企业的党员情况，及时调整优化，确保班组党员全覆盖。三是坚持以党支部建设标准化促全面规范。党支部标准化、规范化建设是发挥先锋堡垒作用的有力手段。坚持把标准化建设作为基层党建工作的重要抓手，牢固树立一切党的工作到支部的鲜明导向，大力推进党支部标准化、规范化建设，着力提升党支部建设质量，把全面从严治党落实到每个支部、每名党员。在“两新”组织支部培养发展党员，严把“入口”。建立业务骨干队伍定期分析制度，将政治素质好、业务能力强、追求进步的业务骨干纳入党组织重点培养范围。此外，还积极创新基层党建管理的信息化手段。鉴于互联网和网络媒体迅猛发展给基层党建工作带来的深刻影响，主动适应时代的发展变化，研发科学实用的党建网络化程序，利用微信客户端、学习强国等载体，融合于手机等媒体，运用互联网的优势做好党建思想政治工作。

2. 把建立健全务实管用的党建工作体制机制作为首要任务。第一，建立和完善责任制度，突出一个“带”字。建立健全“把方向、管大局、促落实”、战斗堡垒作用和先锋模范作用的制度机制，充分发挥示范带动作用，注重选树先锋典型，形成以上率下、层层推进的生动局面。坚持高标准、严要求，带头学习提高，带头开展专题调研，带头查摆“不严不实”问题，带头抓整改落实，带头抓建章立制，以坚定的信念、决心、行动做出示范表率，带动专题教育有序有力有效开展。第二，建立党建工作考核评价制度，突出一个“学”字。把学习和工作成效作为党建工作考核评价的重要标尺，抓住“思想建党”这个根本，坚持把理论学习作为推进专题教育的重要突破口，积极探索将“五基三化”专题教育融入“两新”组织各支部党员经常性学习教育。紧扣主题、拓展内容形式、创新方式方法，推动基层党建“五基三化”攻坚年行动向纵深开展。把理论学习作为“两新”组织党建的重要工作来抓，要求各“两新”组织党支部集中学习不能少，开展集中学习，以二十大精神为主要内容，邀请专家学者、企业家给各“两新”组织支部党员讲党课，让学习入脑入心，学深学透，确保理论学习跟得上，理想信念不动摇。

3. 通过党组织引领业务组织的内生动力。以党组织引领经营组织的内生动力就要摒弃“就党建抓党建”的被动型思维和工作方法，避免“两新”组织企业党建工作与生产经营“自我运行”“各自为阵”，把服务改革发展作为党建先行的重点工作，找准党建工作和经营发展的契合点，把党的领导和加强党的建设融入企业战略规划并细化明确，推进“双向融合”。深入实施党建工作与生产经营“双挂钩”机制，将党建工作纳入生产经营年度目标考核，使党建工作贯穿于生产经营工作的全过程，形成合力，实现双赢。把党组织运行机制融入生产经营相关制度规范，实现党建工作制度与企业生产经营制度无缝对接、有机融合。

4. 以党员先锋引领，提升广大员工的内生动力。“两新”组织企业员工积极地做他心里希望做或愿意做的事情是因为他相信通过做这件事或这些事情可以得到他迫切需要的满足感，而这种需要有可能是他从未对人说起过或他自己内心也不是很清晰的。内生动力就是这样一种内心的需要，它往往有很强的隐蔽性却在随时强有力地支配着人类的行为。调动员工的积极性发挥团队的合力最根本且最有效的手段是发现和发掘员工的内生动力。在非公企业当中，通过坚持和加强党组织建设，可以不断提高党员干部的积极性、主动性和创造性，可以带动广大党员自觉表率，以先进表现带动身边广大企业员工积极上进。要以组织建设为载体，以心态营造和能力塑造为基本手段，强调通过组织生活的规约和濡化，以及监督、考核、奖励、惩罚等体制机制的作用，不断提升广大党员的内生动力，进而提升广大员工的内生动力。

（四）提高政治能力，推进人才队伍建设和治理体系建设深度融合

“两新”党组织要坚持把人才作为企业发展的第一资源、第一资本和第一推动力，把人才放在企业发展平台上历练，在企业发展、发掘、使用人才，全面推进人才队伍建设和企业治理体系建设深度融合。面对新时代“两个大局”，非公企业在面临重大发展机遇的同时，也面临着严峻的挑战，青年人才具有独特的创造能力、适应能力和学习能力，是“两新”组织高质量发展的未来和希望。结合理论研究和实践调研，本课题将“两新”组织青年人才培养分为“选苗”“育苗”“壮苗”三个阶段，构建青年人才培养的“三苗模式”。

1. “两新”组织青年人才的培养目标

“两新”组织青年人才培养“三苗模式”以培养组织需要和个人需求兼顾、思想政治水平和专业技术能力“德技双优”的青年人才为培养目标，以青年积分评价和青年之星大赛为培养评价策略，通过全程实时追踪青年人才的发展情况，力图在广大青年人才中掀起学习新知识、掌握新技能的实践热潮，并以青年人才逐步向全体青年员工延伸拓展，逐步形成“以点带线、以线促面、以面成体”的青年人才队伍培养新格局。

2. “两新”组织青年人才的培养过程

围绕“德技双优”培养目标的“两新”组织青年人才培养过程主要分为“选苗”“育苗”“壮苗”三个阶段，即“三苗模式”。“选苗”阶段包括从毕业生中选拔和从公司内部选拔两个方面；“育苗”阶段包括培育思想政治和培育专业技能两大体系；“壮苗”阶段包括青年人才管理和青

年人才使用两个方面。

3.“两新”组织青年人才的培养内容

围绕“两新”组织青年员工这个实践主体，以培养新时代“两新”组织青年人才为出发点，把培养内容分为思想政治教育和技术技能培育两大体系，分别从教育、转化、实践三个维度培育青年人才的思想政治和专业技能。思想政治教育体系立足“党建研习”“典型选树”和“志愿服务”三个模块，由青年员工所在的党团组织负责日常培养和过程评价。三个模块具体可细分为青年党建研习、典型评选和志愿服务三个专项行动。党建研习旨在通过青年员工可接受的形式，提升青年员工的党建综合素质，坚定理想信念，为公司培养急需的党建人才；典型评选为周期性评价，可定期从青年员工中选树先进典型，用“精神性奖励”鼓励青年员工发挥个人价值，在公司营造齐头并进的成长环境；青年志愿服务则通过广泛开展丰富多彩的志愿服务活动，引领青年员工通过志愿服务提升思想素养。专业技能培养体系依托“专业提升”“岗位建功”和“创新创效”三个实践载体，由青年人才所在的基层单位进行培养和评价，具体可分为专业提升行动、岗位建功平台、创新创效活动等。专业提升行动旨在借助专题培训、师徒结对等方式提升青年员工的专业技术水平，为青年人才发展打好专业基础；岗位建功以青年文明号、安全生产示范岗等为平台凝聚青年，在“急难险重”任务中发挥青年人才的生力军作用；创新创效则为创新型人才培养提供载体，通过组织不同专业不同岗位的青年人才参与“头脑风暴”“创效比武”等实践活动，提升青年人才的专业技能水平。

（五）涵养政治生态，推进全面从严治党和全面从严治企深度融合

1. 创新党建引领促进业务机制激发党建责任主体的内生动力。“对党忠诚、勇于创新、治企有方、兴企有为、清正廉洁”是明确要求，也需要机制引导和激励，一方面是责任的落实，另一方面是成就的引导。

2. 创新党建引领促进业务机制激发资源整合、融合的内生动力。实现价值需要资源，如果“引领促进”能够带来资源整合、融合甚至优先配置，经济责任主体自然有“引领促进”的自觉。各个责任主体，包括组织和个人在承担任务和履行职责时需要调动资源、整合资源、协调统一，把各方资源整合，我们推进过程中，各方如何配合，如何进一步引导生产要素往优势“两新”组织的党支部发展。

3. 创新党建引领促进业务机制激发个人能力提升、组织效能提升的内生动力。通过“引领促进”，把考核制度、审核方案和工作管理等融合，在评价工作中，不仅考核结果，而且要考虑推动工作过程的方法措施、考虑员工素质能力提升、考虑部门整体能力水平，引导责任主体由自发到自觉的高度实施“引领促进”，通过创新机制去提升组织效能，实现个人能力的提升，实现理想抱负。

4. 强化问责追责。上级“两新”工委纪委和“两新”党组织要紧密配合，始终保持高压态势，坚持无禁区、全覆盖、零容忍，坚持重遏制、强高压、长震慑，实事求是实践“四种形态”，坚持做好警示教育，以案明纪，以案促改，努力实现“查办一起案件、完善一套制度、解决一类问题”的效果。“两新”党组织要通过全面从严治党和全面从严治企双管齐下、融合发力，监督执纪问责机制不断完善，巡视利剑作用不断彰显，惩治腐败震慑不断强大，不断涵养风清气正的政治生态，为“两新”组织健康发展提供纪律保障。

（六）突出政治服务，践行党的根本宗旨和履行社会责任深度融合

我们党的根本宗旨是为人民服务，建设服务型政党是我们党的重大使命，上级“两新”工委和“两新”党组织形成党建命运共同体，突出政治服务职能，共同践行党的根本宗旨和企业社会责任深度融合。

1. 要主动宣传教育。上级“两新”工委和“两新”党组织要将宣传

教育融入“两新”组织管理服务中，主动深入“两新”组织“刷存在感”，配合自然资源部、国家发展改革委、生态环境部、国家安全部、经济普查、市场监管总局等与“两新”组织建设、运行息息相关的行业监管部门业务工作开展，积极向企业主、党员、广大职工宣传贯彻党的路线方针政策和国家的法律法规，教育、引导“两新”组织遵守国家法律法规，依法经营、照章纳税，积极履行社会责任。

2. 要上门服务指导。上级“两新”工委要加大从行业职能部门中选派“两新”组织党建指导员和第一书记力度，落实生活同步、思维同频、工作同拍的“三同”工作责任，通过“一对一”服务，“面对面”指导，发挥自身专业特长和派出部门职能优势。根据“两新”组织的生产经营实际，提出方向性指导意见和政策咨询，协助解决派驻“两新”组织的生产经营难题。

3. 要激发服务动力。“两新”党组织要发挥党建引领作用，结合“两新”组织的班子建设、骨干培养、生产销售、转型升级等生产经营活动开展党建工作，激发服务动力。要突出党建在带动“两新”组织发展、“两新”组织文化建设、“两新”组织灵魂塑造、提高“两新”组织凝聚力等方面的优势，并以此为契机强化业主党建意识、建强“两新”党组织班子、规范“两新”党组织设置，让“两新”组织成为党和群众工作的重要阵地。

二、明确新时代“两新”组织党建的基本思路

随着中国特色社会主义市场经济的迅猛发展，“两新”组织如雨后春笋般发展壮大，很多党员进入这些组织工作，甚至成为这些组织的管理者。把“两新”组织中的党员同志紧密团结在党的周围，成为新时代党建工作的重要内容。党的十九届三中全会通过的《中共中央关于深化党和国家机构改革的决定》明确提出：“加快在新型经济组织和社会组织中建立

健全党的组织机构，做到党的工作进展到哪里，党的组织就覆盖到哪里。"在中国特色社会主义进入新时代的历史背景下，做好"两新"组织党建工作，有利于发挥党组织在"两新"组织中的战斗堡垒作用，有利于加强党对"两新"组织的领导，有利于早日实现中华民族伟大复兴的中国梦。

（一）加强基础建设，增强"两新"党建工作力量保障

1. 建立健全"两新"组织党建工作机构。要努力自上而下建成党建工作网络体系，各县市（区）党委和基层乡镇（街道办）党（工）委要配齐工作人员，成立专门的党建工作办公室，确保基层党（工）委有机构管事，有人办事。要在基层党（工）委党建工作办公室的主导下切实构建"两新"组织党建工作机构，坚决杜绝与其他科室合并办公的情况。基层党（工）委要按照"鼓励、支持、引导"的原则，设置相应的工作经费拨付机制，在"两新"组织建立党建工作机构或者配备专业党务人员经费困难时，按照规定进行相应的资金帮扶。基层党（工）委党建工作办公室要普遍向"两新"组织派出党建指导员，专门为"两新"组织开展党建工作提供指导和服务。

2. 建立"两新"组织党建工作责任制。"两新"组织党建各部门和各级相关负责人要明确工作职责。上级党组织要紧密结合本辖区"两新"组织实际状况，制订每年的党建工作计划。"两新"组织要紧密结合中央的理论学习任务和上级党组织提出的党建任务，制定相应的"三会一课"学习内容和学习任务，量身定做各自的学习台账，用党的最新理论成果指导党建工作，推进"两新"组织党建工作稳步健康发展。"两新"组织中的党员领导干部，尤其要严格要求自己，时时刻刻坚持以身作则，以良好的典型示范作用引领广大党员职工凝心聚力，齐心协力搞好"两新"组织业务工作，以良好业绩证明党建工作的重要价值。

3. 扩大基层党组织覆盖面。按照党章和《中国共产党支部工作条

（试行）》的规定，凡是拥有超过 3 名正式党员的组织，具备单独成立党支部条件的，要及时向上级党组织提出申请，按照程序建立党支部，正式党员少于 3 名或暂时不具备条件单独成立党支部的，要根据行业、地域以及工作的便捷性等原则，成立联合党支部。“两新”组织要遵从这一规定，满足条件的要及时成立党支部，以扩大基层党组织的覆盖面。那些暂时还没有党员的“两新”组织，也不能成为党建的“空白地带”，上级党组织要及时派驻党建联络员，在这些“两新”组织中开展党的工作，实现党的工作在“两新”组织的全覆盖。

4. 构建“两新”组织党建制度体系。构建完善的党建制度体系，是做好“两新”组织党建工作的重要制度保障。“两新”组织党建制度体系的主要内容包括以下三个方面：一是规范的组织生活制度，即“三会一课”、民主评议、谈心谈话、主题党日等，这是“两新”党组织的基本活动制度；二是党组织与“两新”组织管理层之间的定期恳谈联系制度，这是争取管理层全力配合支持党建工作、确保党的工作顺利开展的重要保障；三是上级党员干部对口联系“两新”组织制度，上级党组织对“两新”组织党建工作负有指导职责，党员干部必须积极主动地深入“两新”组织进行实地调研，及时发现“两新”组织存在的问题，以做到科学决策、对症下药。只有构建完善的党建制度体系，“两新”组织党建工作才能得到统筹规划，建立良好的工作格局。

（二）提升“两新”党组织服务功能，提高党建工作实效

1. 提升“两新”党组织服务意识，发挥实质作用。“两新”组织的党组织，必须牢固树立真正为企业员工服务、为企业发展服务的理念，树立党组织的良好形象，逐步建立起党组织同企业员工之间相互支持、相互信赖的良性互动关系，尤其要进一步强化对“两新”组织企业员工的教育、宣传和引导，引导广大企业员工构筑起党建工作与企业发展互为促进的共

识，使他们认识到党建工作的中心任务就是围绕经济抓党建、抓好党建促经济。

2. 提高“两新”组织党建服务群众的水平。全面践行党的宗旨，全心全意为人民服务，把党的路线、方针、政策切实贯彻落实到“两新”组织之中，全力提升党组织的战斗力、凝聚力和引领力，这是“两新”组织党建工作的重中之重。“两新”党组织要把密切联系群众、切实服务群众作为日常工作，要努力增强服务意识，拓展服务内涵，创新服务方式，在服务群众的行动中发挥好党员的先锋模范作用。“两新”党组织要不断提高服务群众的水平，结合时代的发展需要，密切关注、随时了解员工的工作实际和生活状况，既要善于化解员工思想上的疑惑，又要善于解决他们在生活中的困境和工作上的困难。要充分利用好互联网这一有力工具，积极创新工作方式方法，建立员工“微心愿”收集平台等，贯彻好、落实好以人为本的理念，既要有面对面谈心的传统方式，又要有微博、微信互动等现代化的方式，深入了解不同层次、不同年龄段员工的兴趣和诉求，从而整合好服务资源，有针对性地开展不同形式的服务工作，拓展不同形式的服务渠道，充分适应和满足员工多层次、多元化的需求。

3. 维护“两新”组织员工的切身权益。目前，由于各种历史和现实的因素，法律赋予企业员工的一些权利流于形式，“两新”组织中部分员工的权益在一定程度上受到损害。一方面，“两新”组织中一些员工对自己享有的劳动权益知之甚少，只是被动地服从企业管理者和领导层的安排；另一方面，一些员工在自身权益受到侵害时，不知该如何维护自身的合法权益。鉴于此，“两新”党组织要带动企业工会、共青团、妇联等团体，以党建工作带领群团工作，以此维护组织内员工的切身利益，反过来以群团工作促进党建工作。为了引导“两新”组织员工依法行使法律赋予的各项权利，“两新”党组织要把《中华人民共和国劳动法》等法律知识切实灌输给员工，从根本上提高其权利意识。广大党员干部对员工要满怀人民情怀，走出办公室，走进员工当中，密切关注他们的所思所想，真正了解他们的实际困难，了解他们关于“两新”组织发展的意见和建议；要积极向管理层反映员工的诉求、困难和意见，积极与管理层和相关部门进行协调，协助员工解决工资待遇、劳动保障、劳动条件等与员工切身利益相关的问题，切实帮助员工纾难解困。同时，协助员工建立与管理层之间畅通交流的互动平台，以便及时化解各种矛盾纠纷，建立和谐的劳动关系。

（三）围绕中心服务大局，全力推动以党建促发展

以党建促发展，是新时代加强“两新”组织党建工作的立足点和出发点。作为矛盾的主要方面，“两新”党组织首先要正确认识党建工作与生产经营之间的辩证关系，党组织要认清角色、找准位置，一切工作都要紧密围绕“生产经营”这个中心，坚持做到引导不主导、参与不干预、协调不强制、监督不包揽，着力沟通政企关系，协调劳资关系，维护各方利益，密切党群关系，充分发挥党组织组织协调、团结凝聚、引导监督的作用，转变部分企业现实中存在的“重发展、轻党建”的错误观念，牢固形成党建工作助推企业发展的认识。“两新”组织党建工作要与企业生产经营同呼吸、共命运、心连心，将党建工作指标与生产经营指标双向推进，使党建工作与生产经营一体谋划、一体运行、一体发展，构建起党建与生产经营紧密结合的运行机制。

1. 推动“两新”组织发展与党的建设共生共荣、共同发展。一般来说，党建工作目标要与“两新”组织发展达到高度契合，才能引导“两新”组织企业主更加全心全意地支持党建工作，党组织发挥作用的空间和效能也才能越来越大。因此，党建工作要想在“两新”组织中扩大规模、增强影响，必须在推进“两新”组织的发展中寻求契合点。“两新”组织成长在市场环境中，许多业主并不是一开始就赞成和支持在自己的组织中

开展党建工作，他们有自身的发展目标，如果党建工作与“两新”组织的发展目标不能协调一致，这些业主未必真心实意地支持党组织在其内部开展活动。所以我们要想在“两新”组织中实现党组织的发展目标，就必须因时制宜、因地制宜地精准选取活动媒介，更加切合“两新”组织的发展目标，从而实现二者的共荣共生、共同发展。

2. 以党的思想建设丰富和深化“两新”组织的企业文化。党组织要充分发挥党管干部、党管人才的优势，积极开展组织工作，努力把思想觉悟高的技术精英培养入党，精心挑选守信念、懂业务、善协调、讲奉献的党员员工兼职或专职从事党建工作。党组织可以主动邀请党校、高校相关专家学者，采取“请进来，面对面”的形式对“两新”组织企业文化建设进行指导交流。要脚踏实地开展党建工作，对“两新”组织员工进行社会主义核心价值观教育，在广大员工的灵魂深处构筑精神高地，进一步坚定党的理想信念，以高昂的热情推进员工进一步增强党的意识，强化组织观念，提高集体主义思想，把学习创新意识、公平竞争意识、自立自强意识、效率效益意识等先进理念装进头脑中。

3. 指导并协助“两新”组织与党政机关沟通联系，构建“亲”“清”的新型政商关系。“两新”党组织是党政机关与“两新”组织沟通联系的重要桥梁和纽带，在优化“两新”组织的外部发展环境过程中具有得天独厚的优势。随着社会主义市场经济体制的不断完善，鼓励、支持、引导“两新”组织发展的政策体系已经初步形成，“两新”组织面临的政策环境和社会氛围前所未有的优越，但是，在现实生活中“两新”组织的市场准入限制仍然较多，“旋转门”“弹簧门”“玻璃门”等问题在政策执行中还不同程度地存在，一些政府部门的办事效率还有待提高，这就迫切需要一个能把“两新”组织的诉求集中整合的渠道和平台，“两新”党组织就是这样一个能够及时将“两新”组织的诉求反馈给党和政府有关部门的平台。同时，党和政府通过“两新”党组织，能够迅捷地把党的路线方针政策贯彻落实到“两新”组织，“两新”组织的各项诉求也能够及时纳入决策范畴，“亲”“清”的新型政商关系也能够随之构建起来。

4. 组织党员和员工围绕“两新”组织的发展创先争优。在“两新”组织的发展过程中，要推动广大党员敢于亮明党员身份，勇于一马当先、创先争优，要引领员工心往一处想、劲往一处使，不断提高“两新”组织发展水平。要充分发挥好党员的先锋模范作用，在关键岗位要安排党员来发挥中流砥柱作用，由党员来克服发展难题，由党员来突击攻关、冲锋陷阵，做到党员身边没有事故、没有违法乱纪现象。党员的先进性，要融入“两新”组织的经营管理和生产发展之中，以党员在各自岗位上的表率形象激励带领全体员工精诚竭力，推进“两新”组织持续健康快速发展。在日常的党务活动中，要通过形式多样、内容丰富的活动，激励党员在改革创新最前沿勇当先锋，鼓励党员在经营发展过程中敢打敢冲，鞭策党员在改革发展的最前沿建功立业。党组织带给“两新”组织的利益越大，所在组织的业主对党建工作的认同和支持就会越强，广大员工也就更加积极地团结在党组织周围，党建工作的资源支持相应也会越来越多，发挥作用的空间也就会越来越大。这样的良性循环形成之后，党组织的政治优势才会真正转化为“两新”组织的领导力、战斗力和凝聚力，更加有力地推进“两新”组织的发展壮大。

（四）加强党组织队伍建设，增强组织凝聚力

打造高水平的工作人员队伍，是提高“两新”组织党建工作成效的基础。地方各级党组织和相关部门，要通过不同渠道，采用多种方式，广开贤路、广纳人才，挖掘、培养、造就一大批专、兼职结合的党务人才队伍，更好地增强“两新”党组织的活力，为扎实开展“两新”组织党建工作构筑坚实的人才基础。

1. 建好党组织书记队伍。俗话说：“火车跑得快，全靠车头带。”要

严格按照《中国共产党基层党组织选举工作条例》的规定，对于符合党支部书记条件的“两新”党员，可作为党支部书记人选重点加以培养，争取能够培养成为党组织的书记或班子成员。党组织书记选配好之后，地方党委要通过制订和实施科学有效的教育培训方案，以及到“两新”组织党建工作有特色、成效好的地方现场学习等方式，大力提升他们的思想政治素质，大力提高组织宣传能力和党建业务能力，培养锻炼一支政治过硬、业务过硬的“两新”组织的党组织书记队伍。

2. 建好党务干部队伍。党务干部队伍建设是“两新”组织党建工作中的关键和枢纽，“两新”组织党建工作最终的成效如何，党组织能否有效发挥作用，很大程度上取决于党务干部素质的高低。因此，必须加强“两新”组织党务工作者队伍建设。各地“两新”组织党建工作中，创造出了许多吸引和集聚优秀党务人才的方式，包括个人自荐、组织推荐、市场化招聘等，聚集起一支素质高、业务精、作风好的党务干部队伍，认真宣传、贯彻、落实、执行党的路线方针政策，能有效保持党的先进性。要以党务和业务“双强”为目标，抓好党务干部队伍的教育培养工作。对新入行的党务干部，要通过多种形式加强党的理论和路线方针政策的培训，通过多种形式加强群众工作方式和领导方法的培训，着力提升他们的党务工作本领。对于那些精通党建业务但不够熟悉企业经营管理的党务人员，要着重强化其对企业经营管理知识的学习，有针对性地加强新知识、新技术、新技能的培训，提升他们引领企业发展的能力。

3. 选好、用好“两新”组织党建工作指导员。选派党建工作指导员，是推进“两新”组织党建工作、提高党建工作质量的有力举措，是提升党组织组织力、凝聚力、战斗力的重要抓手。要制定严格的选拔条件，以开放的视野面向各行各业各系统，拓宽选派渠道，地方党委政府要各司其职、各负其责，做好激励保障，强化培训管理，奋力打造一支高素质的“两新”组织党建工作指导员队伍。在选派范围上，除了选派党委职能部门党务干部兼任“两新”组织的党建工作指导员这一重要渠道，还要进一步拓宽视野，面向各个行业领域，从离退休干部、退居二线的领导干部、复原退伍军人、选调生、引进人才、国有企业老党员、国有企业老干部中选配。要建立起针对性的党建工作指导员分级培训制度，有效整合党校、行政学院以及普通高校和社会上的培训资源，分别按计划地进行岗前培训和专题业务培训。条件具备的地方，可以组织成立“两新”组织党务工作者协会，定期组织党建工作指导员相互学习交流，或者奔赴外地参观考察。在职责任务上，“两新”组织的党建工作指导员，一要指导“两新”组织宣传贯彻党的路线方针政策；二要指导“两新”组织开展好日常的党务活动；三要指导“两新”组织围绕业务工作开展好党务活动；四要以党建引领好工建、团建、妇建等工作；五要帮助“两新”组织协调解决发展中的疑难问题。要制定严格的工作纪律，明确规定党建工作指导员严禁增加派驻组织的负担，严禁在派驻组织谋取私利，严禁接受派驻组织的补贴、馈赠和宴请等，确保他们真正做到心底无私，履职尽责。

4. 建好基层党员队伍。党建工作的主体是党员，各种党建工作都要通过党员的参与才能落实到位，没有广大党员的积极参与，党建工作就无从谈起。当前，要努力增强党组织和党务活动的吸引力，吸引广大党员的深度参与。要按照素质高、业务强、数量充足、结构合理的要求，培育起一支无愧先锋队称号的党员队伍，不断增强党建工作的生机活力。要根据“两新”组织的特点和党员实际素质，因地制宜、因时制宜对党员进行党性教育、组织训练和业务培训等，通过培训全方位提升党员队伍的党性素养和综合业务素质。要积极创新组织形式，通过设置党员先锋岗、党员示范岗以及授予“金牌员工”“模范工人”等荣誉称号，激励广大党员在一线岗位上带头突击攻关、创新创造，切实发挥好模范带头作用，助推“两新”组织又好又快发展。

三、加强“两新”组织“强堡垒作用、促生产经营”实现路径

加强“两新”组织“强堡垒作用、促生产经营”，要按照“抓队伍提升凝聚力、强培训增强战斗力、建机制激发创新力、谋发展蓄积后发力”的工作思路，切实提高党的组织建设水平，为“两新”组织健康有序发展提供坚强的组织保证。

（一）抓队伍提升凝聚力

1. 抓党组织队伍建设。坚持以登记管理机关、业务主管部门及社区、乡（镇）党委为责任主体，并严格要求各党委切实履行党建工作职责，督促和指导在有 3 名以上正式党员并有支部书记合适人选的“两新”组织中必须建立党组织，党员在 3 名以下的“两新”组织，要按照行业相近、地域相邻、方便工作的原则推行联合组建党支部。根据产业发展情况，探索将党组织建在产业链上，如可以在较大的企业中组建党委（党总支、党支部），也可以按行业划分组建个体党支部或党小组等，真正做到哪里有党员哪里就有党的组织，哪里有党的组织哪里就有健全的组织生活和坚强的战斗力。

2. 配强党务工作者队伍。加强党组织班子队伍建设，选好配强“两新”组织中的党组织负责人，要坚持把党性好、阅历广、作风正、能力强，善于做思想政治工作，具有党务工作经验并对“两新”组织有关问题和情况比较熟悉的正式党员选任到“两新”党组织的领导岗位上，并努力提高其政治待遇和经济待遇，切实调动他们的工作积极性。要把政治意识强、综合素质高、党务工作经验丰富的党建工作者选派到党建工作薄弱或尚无党员的“两新”组织中作为党建工作特派员，对“两新”组织党建工作进行全方位指导，确保“两新”组织党建工作全覆盖。

3. 发展壮大党员队伍。把发展壮大“两新”组织党员队伍作为各级

党组织的重要职责，要加强教育示范引导，切实把“两新”组织中的优秀员工、优秀管理人员以及积极要求进步的企业主凝聚在党组织周围，把他们纳入党组织的发展对象，不断发展壮大“两新”组织的党员队伍。通过强化三支队伍建设，不断激发“两新”党组织的成长动力，努力培育和提升“两新”党组织的凝聚力。

（二）强培训增强战斗力

1. 在提高党员素质上下功夫。立足党员履行岗位职责的需要，加强岗位技能、科技知识、经营管理知识和市场经济理论的培训，让“两新”组织中的党员真正成为所在岗位的行家里手，真正发挥好先锋模范带头作用。要围绕党务工作需要，加强党务工作者业务知识的培训，努力建设高素质的党务工作者队伍，切实发挥“战斗堡垒”和“先锋模范”作用。

2. 在提高党员意识上下功夫。要加强党员的理想信念教育和党性教育，要通过学习教育，使广大党员充分认识到，非公有制经济是社会主义市场经济的重要组成部分，积极为“两新”组织发展做贡献，也是实现党的基本路线的具体体现，这也是与各个时期共产党员的价值观相同的，从而克服“雇佣”思想，彻底甩掉思想包袱，增强党员的光荣感和责任感，充分调动他们的积极性，始终坚持做到平时工作看得出来，关键时刻站得起来，危急关头豁得开来，时时刻刻走在队伍前面。要加强对企业主党务知识的培训，使企业主对党内有关“两新”组织党建工作的相关规章制度有更加深刻的认识和理解，要用党组织对“两新”组织相互促进的典型事例，做好企业主的引导、说服和解释工作，让他们积极支持和参与到“两新”组织的党建工作中。

3. 在增强组织纪律上下功夫。加强对党员特别是处于“两新”组织决策层、管理层中党员的教育，使他们切实增强组织观念，自觉服从组织决定，确保党的路线、方针、政策在“两新”组织中能够得到彻底贯彻和落实，特别对那些带有倾向性的重大问题要坚决不折不扣地贯彻执行，确保党的纯洁性。

（三）建机制激发创新力

1. 建好一套责任制度。把建立健全“两新”党组织作为各级党组织的重要任务，要把发展党员作为各级党组织党建工作的重要内容，明确目标责任，层层建立领导责任制，切实增强各级党组织抓好“两新”组织党建工作的责任感和使命感；要高度重视“两新”组织党员的发展工作，严格按照“坚持标准、保证质量、改善结构、慎重发展”的方针，坚持做到成熟一个，发展一个，巩固一个，提高一个；要把发展党员的重点放在生产经营管理者、科技骨干和一线优秀青年上，把发展党员工作的着力点放在培养壮大入党积极分子队伍上，积极引导广大职工向党组织靠拢，切实增强党组织的生机与活力。

2. 建好一套管理制度。积极创新“两新”组织的党员管理方式，确保党员管理真正取得实效，对改制企业党员要实行属地管理，对区域相对集中的流动党员要实行社区管理，对相近行业的党员要实行行业管理；要设立流动党员管理站，为流动党员提供各种服务，切实加强对流动党员的管理；要重点抓好“两新”组织党员理想信念教育和党的先进性教育，进一步强化“两新”组织党员的先锋意识和角色意识；推行党员履行义务公示制度，定期对每名党员参加组织生活、发挥先锋模范作用和遵纪守法等方面的情况进行张榜公布，接受群众监督；要实行党员警示制度，对长期不参加党组织生活、不交纳党费、不做党所分配工作和表现差的党员，党组织要责令并限期整改，对整改不力的，做出组织处理，严肃党的纪律。

3. 建好一套共建互促制度。要把建立健全“两新”组织党建与“两新”组织的工会、共青团、妇联建设等紧密结合起来，“两新”组织中的党组织在抓好自身业务工作的同时，要按照“总揽全局、协调各方”的原则，积极协调和指导工会、共青团、妇联等组织按各自章程开展活动，相互促进，相互发展，努力形成党建与工会、共青团、妇联建设良性互动的良好局面。

（四）谋发展蓄积后发力

1. 谋求工作合力。坚持“两新”组织党建工作服务于生产经营活动。从生产经营的实际需要出发，采取直接参与、间接参与相结合的方式，实现党组织与“两新”组织目标同向、行动同步，努力形成工作合力；坚持把解决党内自身问题与解决生产经营方面存在的问题有机结合起来，积极开展“我为党旗添光彩”等主题实践活动，既使党员和员工受到教育，又促进“两新”组织的健康发展，形成工作合力。

2. 谋求发展动力。充分挖掘和合理利用“两新”组织的人力、物力、财力资源，把“两新”组织中分散的党员个体凝聚成党的组织群体，充分发挥党员的先锋模范带头作用，使之成为“两新”组织建设的重要力量，并积极引导和发动员工切实增强加快“两新”组织发展的责任感与使命感，努力形成生活在“两新”组织，关心在“两新”组织，建设在“两新”组织的良好氛围，为“两新”组织党建提供强劲动力。

3. 提高协调能力。“两新”党组织要努力提高自身的协调能力，在“两新”组织做出重大决策前，“两新”党组织要积极开展调查研究，积极引导党员为“两新”组织发展提供决策参考，努力把广大党员的思想和认识结合起来；要切实把党的方针、政策与“两新”组织的发展目标相结合，努力形成思想和行动合力，并由党员行政领导把党组织的意见和建议反馈到“两新”组织决策层，充分发挥党组织在“两新”组织决策中的引导作用；坚持开展思想政治工作与搞好生产经营相结合，当“两新”组织遇到重大困难和问题时，党组织要主动及时出面帮助“两新”组织化解矛盾，积极排忧解难，切实增强“两新”党组织的影响力和号召力。

第五章

百色市“两新”组织的发展

一、百色市对“两新”组织党建发展工作的高度重视和领导

近年来，百色市高度重视“两新”组织党建发展工作。百色市委把“两新”组织党建列入市委常委会的重要议程，加以科学谋划和部署落实。持续深入推进“两新”组织党建工作，党建阵地标准化、规范化水平不断提高；重点推进旅游党建、诚信党建、扶贫党建三个党建品牌提档升级；新兴业态和园区党建等重点领域平稳有序推进，党建服务发展的效益逐步凸显，党建品牌影响力不断提升，推动百色市“两新”组织党建工作走在全区前列。

（一）完善“两新”组织党建工作领导机构

百色市委充分认识“两新”组织党建工作的重要性，加强政治引领，注重固本强基，突出党建赋能，大胆探索创新，推动“两新”组织党建工作向纵深发展。为此，成立了市级“两新”组织党建工作领导小组，由市委常委、组织部部长兼任领导小组组长，市委组织部和市“两新”党工委的相关领导担任领导小组成员，市“两新”党工委书记专职负责领导小组的日常工作，市“两新”党工委全面协调落实“两新”工作，配备 3 名专职工作人员。各县（市、区）也相应成立了领导小组和工作机构，形成了

完善的“两新”组织党建管理和服务体系。

(二) 成立百色市“两新”组织党建“一院两中心”

百色市高度重视“两新”组织党建发展工作。2021 年 7 月 19 日，市“两新”组织“一院两中心”落成启用仪式在百色市举行。市委相关领导出席启用仪式并讲话，体现了百色市委市政府对“两新”组织党建工作的高度重视。在讲话中指出，创建“一院两中心”是百色市在“两新”组织领域学习贯彻习近平总书记视察广西时的重要讲话和重要指示精神以及开展党史学习教育“我为群众办实事”实践活动的具体举措。2021 年是中国共产党成立 100 周年，百色市建设“一院两中心”，打造“两新”组织党建阵地，加强教育培训，开展党建研究，搭建服务平台，持续提升“两新”组织党建质量，推进抓党建促“两新”组织高质量发展，正逢其时，意义重大。

市委领导强调，要认真贯彻落实党中央和自治区党委、市委关于“两新”组织党建工作的部署要求，努力开创全市“两新”组织党的建设新局面，要强化政治引领，切实增强“两新”组织政治认同、思想认同、行动认同；要压实党建责任，切实提高“两新”组织“两个覆盖”质量；要抓好示范引领，扎实推进“两新”组织党组织建设标准化、规范化；要创新载体抓手，发挥“两新”组织党组织战斗堡垒作用和党员先锋模范作用；要充分利用“一院两中心”平台，突出抓好“两新”组织党组织书记和党务骨干教育培训，深入研究“两新”组织党建规律，推广“两新”组织党建好的经验和做法。

1. 百色市“两新”组织党建学院。百色市“两新”组织党建学院坐落在百色市维也纳国际大酒店，占地 3000 多平方米，内部设有报告厅、展示厅、会议室、接待室等，配套齐全、功能完善，可同时满足 300 人参加培训。目前，该学院正在开发党史课程培训内容，力求以全新的培训理念、知名权威师资、生动的现场教学为手段，将理论与实践完美结合，开展面向党员干部的党史学习培训。为开发好党史课程，激发“两新”组织党员干部学习党史的兴趣，该学院利用资深专家智库的优势，精心设计培训内容，并将教学延伸到课外，充分利用百色起义纪念馆、百色起义纪念碑、中国工农红军第七军军部旧址等红色革命教育基地，并将与这些教育基地合作，设计出多条符合“两新”组织特点和要求的党史学习亲身体验路线。

2. 百色市“两新”组织党群服务中心。百色市“两新”组织党群服务中心设在百色市维也纳国际大酒店三楼，市“两新”组织党群服务中心功能齐全、内容丰富、特色鲜明，集政治引领、组织聚力、教育培训、服务创新、交流互动等功能于一体，是广大“两新”组织党组织和党员群众政治品格锤炼的课堂、组织活动开展的阵地、“两新”组织孵化的摇篮、“两新”组织党建交流的窗口、兴商护航共赢的平台，成为“两新”组织党建阵地新地标。

3. 百色市“两新”组织发展研究中心。百色市“两新”组织发展研究中心是百色市委组织部、百色市“两新”组织党工委为贯彻落实好新时代党的组织路线，进一步加强“两新”组织党的建设，在推进百色国家重点开发开放试验区、民营经济集聚区建设中发挥“两新”组织党组织战斗堡垒作用和党员先锋模范带头作用创建的学术机构。百色市“两新”组织发展研究中心挂靠百色学院，依托百色学院党的理论研究优势，重点加强“两新”组织教育培训，加强“两新”组织党建发展研究、创新发展研究以及红色文化传承研究。为“两新”组织推进党建工作、政策咨询、创新发展、法治维权、品牌创建等提供“一站式”服务，有效提升“两新”组织队伍整体素质，激发党员队伍引领发展和干事创业活力，培养造就一支有开拓精神、前瞻眼光、国际视野的企业家队伍，推动“两新”组织科学把握新发展阶段、贯彻新发展理念、构建新发展格局，对推动百色市高质量发展具有重要意义。

（三）加强“两新”组织党建工作示范点建设

为贯彻落实党中央、自治区党委关于加强“两新”组织党建工作的部署要求，充分发挥先进基层党组织的标杆、导向和示范作用，有效推动“两新”党组织比学赶超、党员创先争优，促进“两新”组织党建工作规范化、科学化水平整体提升，百色市“两新”组织党工委不断加强开展“两新”组织党建工作示范点建设。除了建设市级“两新”组织党建工作示范点，还指导建设县级“两新”组织党建工作示范点，并给予相应的建设经费支持。

2017年起，每年发布《关于开展“两新”组织党建工作示范点推荐、评定工作的通知》，要求各县（市、区）非公有制经济组织和社会组织工作委员会综合公检法、市场监管、税务等有关部门的函询结果与申报对象的经营管理情况，遵照择优遴选的原则，推荐“两新”组织党建工作示范点对象。每个县（市、区）推荐3个以上的示范点进行建设。并根据自治区《关于开展“两新”组织党建工作示范点建设的通知》精神，向自治区推荐上报区级“两新”组织党建工作示范点。目前，百色市已创建53个市级党建示范点，有12个党组织获评自治区级示范点，有9家民营企业获评广西百强民营企业，有4家商会获评全国“四好”商会，民营经济占全市生产总值的65%，对全市税收收入贡献达74%，全市“两新”组织呈现“党建强、发展强”的良好态势。

（四）加强“两新”组织党组织书记队伍建设

百色市按照自治区出台的《加强全区“两新”组织党组织书记队伍建设的若干措施》要求，制定了《百色市“两新”组织党组织书记队伍建设工作方案》，从三个方面着力建设引领促进全市“两新”组织党建强、发展强的党组织书记队伍。

1. 突出政治引领，选优配强“两新”组织党组织书记。坚持把政治标准放在首位，教育引导“两新”组织党组织书记；旗帜鲜明讲政治，带头深入学习贯彻习近平新时代中国特色社会主义思想，不断强化党的意识、党员意识；督促指导“两新”组织党组织书记每年在所在党组织讲一次以上专题党课。

2. 明确政治要求，选优配强“两新”组织党组织书记。按照守信念、讲奉献、有本领、重品行的要求，通过从本单位管理层选任，从党政机关干部、国有企事业单位经营管理人员、党务工作者等群体中推荐，或面向社会公开招聘等方式选拔党务工作人才，再通过党内选举程序任职选优配强“两新”组织党组织书记。同时，加强“两新”组织党组织书记后备队伍建设。市委组织部和市“两新”党工委联合各“两新”党组织共同建立“两新”组织党组织书记后备人才库。后备人才培养重点向生产经营管理层中年轻的优秀党员倾斜，为“两新”组织党建提供强大后备力量。

3. 夯实能力基础，强化“两新”组织党组织书记教育和激励。百色市委组织部把“两新”组织党组织书记纳入党员干部教育培训的总体规划，建立健全“两新”组织党组织书记教育培训体系。针对“两新”组织的特点，重点加强党的路线方针政策、世情国情党情区情市情、企业生产经营管理、社会组织管理等方面的教育培训。通过市重点培训、县（市、区）普遍培训、基层党委兜底培训的形式抓好集中培训全覆盖。同时，注重推荐符合条件的优秀“两新”组织党组织书记作为各级“代表”“委员”人选，作为劳动模范等各类先进人物人选，纳入各级人才队伍建设规划，享受有关人才政策待遇。推动“两新”组织建立健全党组织书记薪酬待遇保障制度，鼓励“两新”组织为本单位党组织书记设立办公场所、提供岗位津贴。上级党组织给予“两新”组织党组织书记适当的工作津贴。

二、百色市“两新”组织党建工作的丰硕成果

党的十八大以来，百色市高度重视“两新”组织党建工作，坚持以党的政治建设为统领，科学推进全市“两新”组织党建工作，全面提升全市“两新”组织党建工作质量，充分发挥“两新”党组织的战斗堡垒作用，并取得了丰硕成果。

（一）推进组建规范化，完善“两新”党的组织建设

系统梳理全市“两新”党组织的建立情况，采取“单独组建、企业联建、挂靠组建”等方式，不断提高“两新”党组织的组建率，确保“两新”党组织建设全覆盖。

1. 单独组建实现应建尽建。对职工中正式党员在 3 名以上的“两新”组织，以及规模较大、跨区域的农民专业合作组织、专业市场、商业街区、商务楼宇等，坚持以乡镇（街道）党组织或产业园区党组织为主，以市直、县（市、区）行业党组织为辅，指导其及时单独建立党组织，并转入党员组织关系。

2. 联合建、挂靠建查漏补缺。对职工中正式党员不足 3 名的“两新”组织，通过联合建、挂靠建的方式进行。联合建即按照地域相邻、行业相近、规模适当、便于管理的原则，成立联合党组织，联合党组织覆盖单位数不超过 5 个。挂靠建即组织党员挂靠所在村（社区）、其他非公有制经济组织或社会组织、产业园区、行业协会等党组织开展活动，加强教育管理监督，引导其积极发挥作用，做到不漏不缺。

3. 派驻党建工作指导员补齐短板。对未建立党组织的“两新”组织，从乡镇（街道）、有关职能部门、产业园区在职党员干部中选派党建工作指导员，通过先建立工会、共青团、妇联组织等方式，开展党的工作。注重与选派企业服务官、选派优秀年轻干部到企业挂职锻炼等有机结合，鼓

励退休党员干部发挥余热，鼓励有条件的县（市、区）面向社会选聘专职党建工作指导员，开展常态化指导。将发展党员指导性计划向没有党员的“两新”组织倾斜，职工申请入党的，经县（市、区）党委组织人事部门同意，由其就业单位所在乡镇（街道）、产业园区或行业党组织进行培养，或指定其他党组织进行培养。

（二）推进活动规范化，使党建和生产经营紧密结合

2019年，百色市以开展“基层党组织能力提升年”活动为抓手，深入实施园区“两新”组织党建工作提档升级行动计划，进一步发挥“两新”党组织实质性作用，助推“两新”组织实现“党建强、发展强”的双赢目标。

1. 每月开展一次主题党日活动。“主题党日”活动按照“1+6+X”方式进行，“1”即每次开展主题活动要求严格执行党组织会议第一议题制度；“6”即学习讨论、现场教学、党性分析、民主议事、交纳党费、志愿服务；“X”即学党建知识、支部联建、业务技能、扶贫济困等自主活动。认真落实党的各项组织生活制度，按照企业需要、党员欢迎、职工赞成的原则，创新党组织活动方式，注意取得出资人理解和支持，丰富活动形式和载体，实现目标同向、互促共进。除党章规定的党内活动外，提倡党群活动融合。

2. 每季度开展一次观摩交流。借鉴“逐个支部观摩、整体推进”活动的经验做法，以产业园区、行业党组织为单位，结合行业特点、核心业务，围绕强化政治功能、践行初心使命、流动党员教育管理、维护职工群众合法权益、加强自身建设等方面工作，要求每个季度组织一次党建工作观摩交流，相互取长补短，促进整体提升。

3. 每年开展一次述职评议考核。由县（市、区）组织部门牵头，将“两新”组织党建工作情况纳入乡镇（街道）、产业园区、行业主管部门

党组织书记抓基层党建述职评议考核。结合“两新”党组织特点，探索科学有效的党组织书记抓基层党建述职评议考核方式，确定考核等次，考核结果与“五星支部”和市级标杆式党支部创建挂钩。

4. 定期开展“手拉手”结对共建。市、县（市、区）分级组织机关企事业单位与主管范围内或有密切业务往来的“两新”党组织结对共建，由同级机关工委、“两新”组织工委建立台账，形成常态化调研和联系服务机制。通过宣讲党的理论、路线、方针、政策，共同开展主题党日“三会一课”等，实现共建班子、共带队伍、共商机制、共强基础、共谋发展。通过结对共建，及时收集“两新”组织意见建议和诉求，助推企业发展、优化营商环境，实现党建合力、情感合拍、工作合作。

（三）推进保障规范化，确保党建有资源有能力

在坚持和完善非公企业党建工作经费税前列支制度、“两新”组织党员党费全额返还制度的基础上，实行“两新”组织党员实现网上交纳党费，对“两新”党组织补助党建工作经费。

1. 拓展党建经费来源。通过纳入“两新”管理费用、党费拨返、财政支持等渠道，鼓励采取企业赞助、党员自愿捐助等方式，拓宽“两新”组织党建工作经费来源。党建工作经费纳入企业管理费列支，不超过职工年度工资薪金总额1%的部分，可以据实在企业所得税税前扣除。“两新”组织党员缴纳的党费全额返还，用于开展党的活动。允许各县（市、区）采取专项列支等办法，给予必要的经费支持，使用党费适当向有困难的“两新”党组织倾斜。

2. 落实达标创建经费。每年初对上年度“五星支部”创建情况进行盘点，对成功创建市级标杆式党支部的“两新”党组织，给予3万元经费奖励；对创建为“五星支部”的给予2万元经费奖励；对每个单独新建党组织的非公有制经济组织和社会组织，给予不低于1万元的达标创建经费

补助。

3. 强化对党务工作者的激励保障。“两新”组织以及党组织或党组织书记本人受到市级以上表彰或授予荣誉称号的，自获得荣誉次年起，对该“两新”组织的党组织书记给予每月不低于500元的工作津贴，发放周期为1年。把非“两新”组织党务工作者纳入全市党员干部教育培训总体规划，由县级党委组织部门具体负责，市级抓好示范培训。对“两新”组织出资人的评先评优、政治安排，事先征求单位党组织的意见。推荐符合条件的党组织书记作为各级党代会代表、人大代表、政协委员人选。党组织书记劳动合同变更、解除或终止前向上级党组织备案，推动实现政治激励和经济激励相结合。

4. 建设“六有”党员活动阵地。百色市按照有场所、有设施、有标志、有党旗、有书报、有制度的“六有”标准，不断提高“两新”党组织活动场所规范化建设水平。采取资源整合、企业自筹、上级党组织支持相结合的方式，建设了相对固定的活动场所。对于产业园区、商务楼宇、商圈市场或行业党组织，结合实际建设区域性、行业性党建阵地，并作为开放式组织生活基地。鼓励国有企事业单位、机关、乡镇（街道）、村（社区）党组织与“两新”党组织共用活动场所、共享资源设施。鼓励引导“两新”组织利用自身优势建立网络党组织，开展线上探讨交流，建立网上党建阵地。

（四）开展争当“四个先锋”活动，建强党组织战斗堡垒

百色市坚持从实际出发，以“推动加快经济发展方式转变，促进企业科学发展”为主题，进一步弘扬党组织和党员的先进性，充分发挥党组织的战斗堡垒和党员的先锋模范作用，努力做到“组织创先进、党员争优秀、企业有发展、职工得实惠”的目标要求，深入开展争当“四个先锋”活动。

1. 争当宣传落实政策先锋。百色市组织“两新”党员运用“学习强国”、新时代“三新”大讲堂等平台，学习贯彻习近平新时代中国特色社会主义思想，熟悉党和国家政策与行业法规，了解上级决策部署，找准生产经营方向。学深学透上级关于“两新”组织的发展要求，鼓励“两新”组织将党建工作要求写入组织章程，出资人、经营管理人员是党员的，一般要担任党组织书记。建立“两新”党组织与管理层共同学习制度、党组织书记参加或列席管理层重要会议制度、党组织与管理层沟通协商和恳谈制度、出资人教育培训制度，真正实现互融互促。

2. 争当凝聚职工群众先锋。发挥党组织密切联系群众优势，加强和改进思想政治工作，主动关心、热忱服务党员和职工群众，帮助解决实际困难，把广大职工群众团结在党组织周围。从思想、工作、生活上关心党员，健全党内激励、关怀和帮扶机制，增强党员的归属感和荣誉感。建立党员职工群众反映诉求机制，及时向出资人、经营管理层反映群众呼声。积极整合工青妇群团组织力量，督促企业落实职工相关待遇，依法维护职工合法权益，及时化解矛盾纠纷，构建和谐劳动关系。

3. 争当建设先进文化先锋。坚持以社会主义核心价值观引领企业文化建设，组织开展丰富多彩的企业文化活动，塑造积极向上的企业精神。引导督促“两新”组织加强行业自律，合理安排经营活动，遵守市场经营规则，自觉维护经济社会秩序，坚决抵制利用自然灾害和社会突发情况哄抬物价、囤积居奇、制假售假等违法犯罪行为。鼓励“两新”组织主动加强与属地党组织配合互动，经常组织党员开展清洁家园、访贫问苦、志愿服务等活动，广泛动员行业力量参与社会治理，积极履行社会责任，用先进的企业文化将职工群众凝聚在党组织周围。

4. 争当促进健康发展先锋。“两新”党组织团结带领党员职工积极投身疫情防控、重大项目建设、重点民生实事、脱贫攻坚、环境污染防治攻坚战等，为全市经济社会发展贡献力量，在抓好重大任务落实中不断提升党组织组织力。注重把党员培养成生产经营骨干，把生产经营骨干培养成党员。积极引导党员职工岗位建功，主动承担生产经营急难险重任务，带头开展技术创新、项目攻关、建言献策。围绕生产经营定期组织主题演讲、现场交流、先进表彰、学习典型等活动，汇聚发展正能量，不断为企业发展注入动力。

（五）切实强化组织保障，确保“两新”党建成效

1. 强化责任落实。各县（市、区）组织部门加强与编制部门沟通协调，及时成立县（市、区）委“两新”组织党建工作机构。建立健全党委组织部门牵头抓总，“两新”组织党建工作机构切实履行责任，统战全国工商联、中央宣传部、中央网信办、教育部、工业和信息化部、民政部、司法部、财政部、商务部、卫生健康委、市场监管总局、税务总局等部门各司其职的工作格局。各县（市、区）、产业园区、各行业主管部门定期对辖区、行业内“两新”组织的党建情况进行全面排查摸底，集中开展组建和集中选派党建工作指导员，确保党组织的应建尽建率和党的工作覆盖率均达到100%。

2. 理顺隶属关系。百色市“两新”组织的党组织坚持以属地管理为主，以行业管理为辅。对专业性、行业性较强的行业企业，规定依托相关管理部门或行业协会（商会）建立党组织并实行归口管理。目前，由市直、县（市、区）直单位管理的“两新”党组织，原则上均实行属地管理，关闭、破产和撤销企业在资产清算时，适当保留部分资产和场地，作为企业党员移交后的活动经费和活动场所，与移交单位共管共用。有业务主管单位的社会组织党建工作，由业务主管单位党组织领导和管理。小微企业、个体工商户、城乡社区社会组织党建工作由乡镇（街道）、村（社区）党组织兜底管理。依托有关管理部门建立的行业党组织，隶属同级党委“两新”组织党建的工作机构，同时接受部门党委（党组）领导。已

下辖实体性党组织的行业党组织，同级党委组织部门均积极协调为其开通全国党员信息管理系统账户，通过理顺隶属关系提升党员的归属感。

3. 抓好示范带动。百色市各县（市、区）的组织部门持续打造党建基础好、示范带动强的“两新”党组织，着力将其培育成党建孵化基地，有序承接、帮助做好辖区内其他“两新”组织入党积极分子培养、党员发展教育工作，同步落实区域内流动党员的接纳和服务工作。建立市、县（市、区）党委组织部门直接联系“两新”党组织机制，并及时总结推广好经验、好做法，通过多渠道、多层次、多形式加强宣传，为推动全市“两新”组织党建工作高质量发展营造良好组织环境。

三、百色市“两新”组织党建工作的特色

近年来，百色市坚持问题导向，创新“32611”工作机制，着力破解“两新”领域党建责任不明确、党组织组建率不高、党建作用发挥不明显等突出问题，力促“两新”党建工作取得实效，形成了“两新”组织党建工作的百色特色。2019 年 6 月，百色市被推荐在全国首场“党建引领创新发展”小个专党建典型巡回宣讲会上做典型发言，推广“百色经验”。

（一）健全“三主架构”，破解“两新”组织党建责任不明确难题

完善联席会商、分片挂点联系等制度，由“两新”党工委和市场监管部门定期召开联席会议，专题研究解决“两新”组织党建工作中面临的困难和问题。健全党工委主导、市场监管部门主抓、“两新”党组织主管的“三主架构”模式，严格落实“两新”组织党建工作部门工作责任制和领导干部“一岗双责”。“三主构架”工作机制在边境口岸发挥了重要作用，靖西沿边一线与越南接壤的 6 个乡（镇）已全部建立“两新”党组织，覆盖企业 45 个，下派指导员 47 名，“两新”党组织覆盖和工作覆盖不断提升。

（二）扩大“两个覆盖”，破解“两新”组织党组织组建率不高难题

按照自治区“两新”组织党建“百日攻坚”的重点任务工作要求，以摸底排查“8个表”为基础，有针对性地开展排查，坚持“纵到边、横到底”的原则，实行“销号式”排查，切实做到排查摸底工作全覆盖。积极探索“点、线、面”三依托组建工作法，巩固组建率，做到应建尽建，能建快建。目前，全市在12个县（市、区）均成立“两新”党委或党总支18个，市、县两级党组织覆盖率达100%，建立“两新”党组织363个，共有党员3529名，有效覆盖975家小微企业、813户个体工商户和72个专业市场。

（三）坚持“六个标准”，破解“两新”组织党建工作示范引领能力不强难题

严格按照“六个一”（一支坚强有力的骨干队伍、一套有效运行的制度机制、一份领先同行的发展业绩、一批创新出彩的载体项目、一个稳固坚实的基础保障、一套可看可学的示范经验）标准，精心打造一批“两新”党建示范点。2019年以来，共创建了53个“两新”党建工作示范点，构筑“两新”党建工作风景线，起到了示范引领带动作用。

（四）建强“一支队伍”，破解“两新”人才队伍战斗力不强难题

突出理论武装和思想指引，坚持理论与实际相结合，锻造一支想干事、能干事、易成事的“两新”人才队伍。注重依托“关注党员成长·激发组织活力”大培训，持续开展“两新”党组织书记、出资人（负责人）和党、团建业务骨干培训工作，坚持精准培训、全员覆盖。目前，全市深

入开展各类培训65期，累计受训人员达1656人（次）。注重人才引进，每年组织“两新”组织参加全市统一开展的各类招才引智活动2次以上，其引进人才符合相关条件可享受百色国家重点开发开放试验区的相关人才政策，在人才零门槛落户、生活及技能补助、购房租房优惠、就业创业补贴、社会保险、子女入学、医疗保健等方面享受同等待遇。注重锻造精干队伍，把“两新”人才列为“两新”组织“十百千”人才工程的主要对象，每年重点培养10名以上企业家带头人、100名以上技能人才、1000名以上产业工人。注重技能比拼，结合“当好主人翁、建功新时代”主题，通过开展岗位练兵、技能比武、攻关比试等活动，培养一批技能型、创新型的“两新”人才队伍。

（五）创新“一批载体”，破解“两新”党建作用发挥不明显难题

2019年以来，全市在“小个专”领域共投入75万元，在经济组织相对集中的专业市场、商圈楼宇等区域，建成21个“两新”党群活动服务中心，设置众扶众筹、法律援助、创业路演等服务功能区，为创业创新者提供免费工作空间和资源共享空间。结合工作实际，创新活动载体，激发党员干事创业活力，有效助力发展和助推脱贫攻坚。开展“为党旗增辉·为红盾添彩”主题活动，抓好国门党建促边贸发展，率先在边境靖西市实现19个乡镇“两新”党组织和党的工作全覆盖。开展“党旗领航·促进双创”主题宣传教育活动，通过召开座谈会、进乡村宣讲、媒体宣传等方式，宣传小微企业扶持政策，营造非公经济发展良好环境，创造宽松平等准入环境，提升工商注册制度便利化效能，激发大众创业热情。2019年以来，全市新增企业9847家，新增个体工商户28810户，新增农民专业合作社618家，新增就业岗位6万多人。开展基层党组织扶贫“共联共建”活动，以“三联三建、双培双带”（部门联村，企业联村，干部联户；建强

农村基层党组织，建好农村新型经济合作组织，建优农村党员队伍；把农村实用人才培养成为共产党员，把党员能人培养成为贫困村经济能手；以能人大户带动贫困户脱贫致富，以市场主体带动扶贫产业发展）为抓手。目前，已有600余户非公经济组织通过产业扶持、技术指导、项目带动、提供就业、爱心公益等多种形式助力扶贫攻坚，帮助5000名贫困户青年解决就业创业难题，带动7180余户贫困户实现增产增收。

第六章

百色市“两新”组织党建面临的问题和挑战

党的十九大报告指出，“要以提升组织力为重点，突出政治功能，把企业、农村、机关、学校、科研院所、街道社区、社会组织等基层党组织建设成宣传党的主张、贯彻党的决定、领导基层治理、团结动员群众、推动改革发展的坚强战斗堡垒”①。百色市在习近平新时代中国特色社会主义思想的指引下，深入贯彻落实习近平总书记关于加强和改进统一战线工作的重要思想，全国、全区统战部长会议精神以及自治区党委、市委的各项决策部署，围绕“大团结大联合”主题，紧扣凝聚人心根本任务，突出思想政治引领主线，不忘初心、牢记使命，推动全市各领域统战工作创新发展，但同时也存在着一些突出问题，如“两新”组织覆盖问题、党员的流动问题、党员档案的管理问题等。

一、“两新”组织党建工作覆盖质量不够高

随着市场经济的发展，两新“组织”已经成为百色市吸纳就业的主渠道，对全市新增就业贡献率超过 75%。相较于机关事业单位和公有制企业，“两新”组织具有生产经营不稳定的特点，导致其党建工作覆盖质量不够高。

---

① 党的十九大报告辅导读本［M］. 北京：人民出版社，2017：64.

（一）党组织覆盖率不够高

1. 党组织覆盖相对滞后。每年还有许多新成立的“两新”组织未及时实现两个覆盖。据不完全统计，全市共有非公企业3500多个，非公企业党组织覆盖率约84.21%，全市列入党建基数的社会组织有400多个，党组织覆盖社会组织300多个，社会组织党组织覆盖率约87.59%。从总体上看，“两新”党组织覆盖率有所提升，但就“两新”组织发展速度和规模来说，整体覆盖率仍有进一步提升的空间。

2. 党组织相对脆弱。“两新”组织具有生产经营不稳定的特点，尤其是规模较小、党员人数较少、抗市场波动较弱的“两新”组织，导致其党组织建立难度较大。即便建立了党组织，党组织也相对脆弱，有时会陷于“说起来重要，做起来次要，忙起来不要”的困境。就百色市而言，在非公经济组织中，大多数党员集中在那些规模相对小的微企业，由于企业规模小，党员人数少，不具备组建独立党组织的条件，即使部分企业有党员，也是“隐形党员”“口袋党员”，而且市场的不稳定要素，使企业经营变化快，存活期长短不一，即便建立了党组织也时刻面临着撤并、重组等问题。在社会组织中也大都规模较小，因其职工在行业内部与行业之间流动性大，工作时间不固定，内部管理比较松散，党员比例较低，导致党组织对于党员的管理较弱。

（二）党组织作用发挥不够充分，动力不足

1. 企业负责人思想认识不到位。“两新”党组织开展活动受到各种因素的影响和制约，有些党组织覆盖仅停留在“有形覆盖”上，没有真正实现“有效覆盖”。部分“两新”组织虽然已经成立了党组织，但存在重经营、轻党建的思想，企业法人或者股东把精力集中在企业的生产经营管理和业务发展上，在一定程度上忽视了“两新”组织党建工作的开展；还有

少数“两新”组织的领导管理人员不是党员，对党组织在企业和社会组织中开展的活动支持力度不够，以致不同程度存在政治领导力、组织覆盖力、群众凝聚力、社会号召力、发展推动力不强的问题。

2. 业务工作与党建工作融合度不够。党建与业务“两张皮”相对突出，直接表现为“两个覆盖”质量不高。“两新”党建工作最突出的问题是单位主要负责人和党员职工参与党建工作的原动力不足，积极性不高，业务工作与党建工作的交融度低。① “两新”组织开展党建活动，在生产力的转化上是长期的和无形的，党建投入对企业收益的促进作用在短期内不明显。就“两新”组织的性质而言，社会组织具有非营利性和自愿性的特点，虽有一定的组织章程用以规范自身发展，但其活动开展往往具有很大的灵活性和复杂性，给党建组织力的提升带来了困难。非公企业虽然以营利为目的，但部分企业主还未能认识到在企业中开展党建工作的重要性和必要性，甚至觉得党建工作跟企业发展关系不大，导致党建组织难进企业门，从而在不同程度上阻碍了非公企业党建的开展。

3. 党组织的活动形式与内容同“两新”组织、党员期望值不适应。部分“两新”组织的党组织未能及时适应“两新”组织的现实情况，仍然沿用或套用国有集体企业的工作形式和方法，造成党的工作党务化、单一化、形式化。有的“两新”组织的党支部活动内容枯燥，形式单调，次数偏少，效果不好。在活动内容上，一些党组织因循守旧，只按上级布置的内容开展，没有更好地与时俱进；在活动形式上，缺乏创新，甚至不会运用新媒体；在活动次数上，有的党组织活动不正常，活动次数偏少，个别的甚至几乎没有开展活动；在活动效果上，有的搞活动时图一时之兴，实际效果不好。

---

① 张国祥，姜伯奎，唐豪．非公企业党建工作的思考［J］．广州社会主义学院学报，2019（4）：29-35.

二、“两新”组织中党员教育管理难度较大

“两新”组织存在动态变化大、员工流动频繁、“两新”党组织书记缺乏丰富的党务工作经验等特点。在“两新”组织中发展党员并不像其他机关、学校、农村和事业单位那样成熟稳定，存在部分“两新”组织员工对党组织缺乏认同感、入党积极性不高、发展党员缺乏群众基础等问题。部分党员到了“两新”组织后，不知道如何与党组织联系，甚至有一些企业职工感觉党组织跟自己没关系。

（一）组织找党员难，存在“口袋党员”

1. 党员流动性大。“两新”组织自身普遍存在“小、散、广”的特点，其经营受市场波动影响很大，企业员工人事变动很快，不少党员处于游离状态，属于“流动党员”，出现了部分流动党员不愿找组织，组织找不到流动党员，找到流动党员后不知如何管理的问题。相对于部分已具备规模的“两新”组织，大部分“两新”组织尚处于发展培育阶段，虽然几乎涵盖了所有的行业，但呈现出规模小、人员分散、组织分布广的特点。同时，“两新”组织党员也存在“少、低、频”的特点。跟传统的机关、国企和军队相比，“两新”组织存在党员人数少、所占比例低的特点，加上市场竞争残酷、自身生存压力的存在和企业发展变动等原因，“两新”组织的从业人员及党员的流动较为频繁。

2. “口袋党员”较为普遍。部分党员在“两新”组织中不愿“亮身份”“树旗帜”，不正式转接组织关系。有的认为在“两新”组织工作主要是打工挣钱，亮学历、亮资历就够了，不必亮党员的身份；有的认为只要找到工作挣到钱，亮不亮身份无关紧要；还有人怕亮了党员身份反而受到企业主防备和歧视；更有少数人认为不亮党员身份可以更少履行义务，于是就变成了隐形党员，不参与企业组织的党建活动。

3. 党组织关系转接不及时。在没有建立党组织的“两新”组织中，党员的组织关系分散在人才市场、农村基层党组织或原单位较为普遍，形成了同一个企业的党员不能在同一个基层党组织过组织生活的状况。由于企业员工来源复杂、分布散乱，有些党员出现“无组织、无活动、无法交纳党费”现象，大量党员长期游离于党组织之外。因此，这部分党员的统计、管理难度较大。

（二）党员培养难度大，发展党员工作落差较大

1. 考察培养困难。由于企业经营与从业人员变动性大，存在“两新”人员递交入党申请后，由于企业流变或自身工作变动，“两新”组织在发展党员过程中经常会因党组织不稳定、党务工作者流动、党员流动、入党积极分子流动等情况，出现培养工作半途易人或者就此中断的现象。同时，也有刚刚被发展为新党员就离开单位或者培养成熟准备发展时离开单位的现象。另外，对“两新”组织入党积极分子队伍的培养教育还没有进行系统规划和统一安排，基本上是采取“搭便车”的方式，将其纳入体制内集中统一进行“一刀切”“一锅煮”的现象比较普遍。这种培训方式容易造成两个极端化倾向，一是因为培训班次和规模有限，“许多想参加培训的入党积极分子无法参加”；二是开展集中培训意愿不强，尚存在“不愿意参加”思想。这些客观存在的情况既影响了入党积极分子的入党热情，也挫伤了入党积极分子培养人的工作积极性。

2. 入党积极性不够高。与传统领域的机关、国企相比，在市场经济条件下“两新”组织从业人员是典型的社会人，面临激烈的市场竞争，工作的流动性和不确定性很大，从自身的生存和发展角度出发，其关注度主要在业务技能学习及生产任务上。另外，现代信息技术的进步与传媒业的飞速发展，让“两新”组织从业人员能够很容易地获取各方面的政策和信息，对党的认识不够全面，认为向党组织靠拢是捞取政治资本，这也在一

定程度上削弱了入党积极性。有些党支部自成立以来，都没有员工主动提出递交入党申请书，也未能发展过一名“两新”组织的党员。

3. 发展党员政审困难。由于“两新”从业者多样性和人员的流动性时常造成个人档案流失。有的申请人换过多个单位，有的人户分离，有的由外地迁入，一些外地的被函调出现单位不配合甚至对发去的调函不予回应、石沉大海等现象。虽然现在政审的内容、范围、程序比过去有所简化，但政审过程仍较为烦琐，给发展党员工作带来相当难度。在调研中发现，政审问题也是影响百色市“两新”组织党建工作开展的一个重要原因，有些企业员工符合发展对象条件，但由于换过多个单位，有的人户分离，有的由外地迁入政审困难而无法发展为预备党员。

三、“两新”组织中党员先锋作用发挥不充分

共产党员发挥先锋模范作用，是党的性质决定的，这既是共产党员应尽的义务，也是对党员的基本要求。面对当前“两新”组织快速发展，由于受到多重因素影响，“两新”组织中党员先锋作用尚未完全得到发挥。

（一）“两新”党务工作者专业化不足，党建业务能力不强

1. 党组织负责人综合素质良莠不齐。调查中发现，至少有50%的“两新”组织没有或只有很少的党员，加之流动性大，很多“两新”组织在选择党组织负责人时范围非常窄，只能在“矮子”中选“高个”，难以选出综合素质好、能力强的党组织负责人。部分党组织负责人由于自身文化水平低、能力不强、对党务工作不熟悉，尤其是对党的知识及党务不熟悉、不精通，没有很好的方式方法开展党务活动，存在着党务能力不足、学习能力不足等问题，使党组织流于形式，难以发挥作用。有些“两新”组织负责人对党建工作存在思想偏差。有的党组织负责人刚熟悉党务工作，又因种种原因离开了，企业只得重新确定党组织负责人。

2. 党务工作者党建业务能力不够强。在调查中发现，少部分“两新”组织党务工作者本身不是专职做党建工作的，70%以上为兼职，对党务工作不熟悉、不擅长，思考党务工作不够、党务知识不足、方式方法不多，缺乏探索与创新，缺乏探索开展“两新”组织党建工作的热情，因而导致党建工作效果不佳。此外，“两新”组织没有给党务工作者提供必要的物质和精神保障，使其在开展党务工作时有心无力，同时由于经费受限，党务工作者很少有机会外出参加有关党建工作的学习、交流、培训、调研，直接限制了党务工作者理论水平的提升，也导致党建工作缺乏创新性。对如何开展新时期企业党建工作缺乏经验，更谈不上主动创新，在很大程度上制约了“两新”组织党建工作的开展，导致党组织的正常工作难以开展，更别说党组织对“两新”组织作用的发挥。

（二）“两新”党务工作者探索党建方法热情不够

“两新”组织党建具有特殊性，使其不能照搬机关事业单位和公有制企业的模式开展党建工作。在现实工作中，“两新”组织对其自身党建方法的探索还不够深入，“两新”组织的党务工作者专业水平比较欠缺，开展工作存在一定难度。一方面，部分“两新”组织党务工作者本身不是专职做党建工作的，对党的思想、理论等专业知识掌握度不够，缺乏探索开展“两新”组织党建工作的热情，因而导致党建工作效果不佳；另一方面，“两新”组织没有给党务工作者提供必要的物质和精神保障，使其在开展党务工作时有心无力。由于经费的欠缺，党务工作者很少有机会外出参加有关党建工作的学习、交流、培训、调研，这直接限制了党务工作者理论水平的提升，[①] 也导致党建工作缺乏创新性。

① 俞乐．“两新”组织党建工作的现实困境及路径探析［J］．领导科学论坛，2021（2）：130-133.

（三）党员角色意识相对模糊，模范作用发挥不到位

1. 党员党性意识不强，缺乏主动性。在调查中发现尚有部分“两新”组织中有人甘愿做“口袋党员”，在企业里故意隐瞒自己党员身份，不愿意承认自己是党员，不主动加入党的组织生活和其他组织活动，怕表明身份参加组织生活、各项活动更麻烦，成了不交纳党费、不参加组织活动的特殊群体。有的党员认为自己与企业只是单纯的雇佣劳动力关系，不想也不愿意正确履行党员自身的义务和权利；有的党员对自己本身要求不严格，只忙于生产工作业务，甚至忘记自己党员的身份，长期不过组织生活，更不愿意接受群众对自身的监督；还有的党员认为，如果表明身份会遭到私营业主、老板的歧视误解等。“两新”组织中党员思想意识不强造成管理难和身份难以确定等现象的存在，制约了党员示范带头作用的展现。此外，由于党组织对人财物没有决策权，没有钱、没有地方，时间得不到保证，难以相对独立地开展工作。党员、党组织往往说话没有分量、工作没有地位，很多党员也不愿将组织关系转到工作单位。

2. 个别党员思想认识不到位，角色模糊。在“两新”组织中，党员职工的收入待遇及其职位升降，主要取决于其履职表现和工作业绩，党员的身份对此无任何实质性影响，因此部分“两新”组织党员容易产生政治上的懈怠态度，即“不求有功，但求无过”，不愿意发挥先锋模范带头作用，一部分“两新”组织的企业主认为自己只要守法经营、照章纳税即可，对本企业组建党组织持排斥态度，有的甚至抱有抵触情绪，他们习惯从经济角度算“政治账”，担心组建党组织以后，会议多、活动多、开销多、赞助多，影响企业正常的生产经营。此外，在对“两新”组织党务工作者实施管理时，由于企业与员工雇佣关系的存在，使党“个人服从组织，下级服从上级”的组织原则难于落实，出现党员和党务工作者脱离党组织随意流动的混乱现象。当然，“两新”组织中也存在部分党员职工党

员意识薄弱，政治意识不强，对党建工作不参与、不支持。有部分党员职工对党建工作存在畏难情绪和矛盾心理，党性观念淡薄，他们到非公有制经济组织工作的主要目的是赚钱，对建立党组织、开展党的活动不关心，体现不出先进性。

四、“两新”组织党建工作缺乏保障机制

“两新”党组织承载着党对非公组织进行政治团结、组织凝聚和政治引领的使命，想要进一步发挥党组织的政治功能，则要求“两新”党组织必须提升组织战斗力、凝聚力和协调力，使“两新”党组织肩负起教育、管理、监督、宣传、凝聚以及服务群众的组织职责。“两新”党组织要发挥组织力效用，就目前情况来看，“两新”组织党建工作缺乏保障机制。

（一）整合资源合力推进的机制尚未形成

1. 在整合各方资源上存在困难。党建工作主要靠少数党的工作部门和基层党组织“单兵突进”“单打一”，还没有有效形成“党政共抓党建”的局面。一方面，部分地区党委整合各方资源的意识不强，缺乏一套有效的工作机制；另一方面，有相当一部分行政领导认为党建是党委、组织部门的事，工作缺乏主动性和积极性。

2. 资源配置不均衡。当前，“两新”组织党建在面上已基本实现全覆盖，但从质上看，这种全覆盖并非均等的覆盖。从资源配置上看，由于党内资源相对有限，开展“两新”组织党建工作时，在资源配置上，不管是物质保障，还是政策支持、制度规范，都不可能做到平均着力，这对“两新”组织党建工作的开展有一定影响。部分“两新”组织在开展活动、进行自身建设方面热情很高，但鉴于党建工作仍处于初期的探索阶段，会遇到许多困难和挫折，出现组织生活不够健全、活动缺乏活力和创新、经费较为缺乏等问题，这就直接影响到了“两新”组织员工入党积极性。因

此，资源配置不均衡，包括物质资源、制度资源、政策资源的失衡配给，导致了“两新”组织党员管理难度大、作用难发挥的困境。

（二）党组织协调力不强，创造力未激发

党组织日常策划、发动、组织、调解、监督及各项党务工作是协调力的重要体现。当前，党组织负责人及党员自身存在的短板，是致使企业主不够重视、作用发挥不明显的重要原因。

1.“两新”党组织成员及负责人思想认识不到位。从全市范围内来看，“两新”组织党组织组建难的主要原因是部分“两新”组织负责人对党建工作认识不到位，甚至有抵触情绪。在对已经组建起党组织的“两新”组织调研中，部分“两新”组织负责人最开始对组建党组织不积极甚至是有抵触情绪的，在经过当地党委及部门多次做工作后才愿意组建，这是因为部分“两新”组织负责人对党建工作存有疑虑，不愿组建党组织，更不愿主动积极支持党建工作。“两新”组织负责人的不支持，导致在这部分“两新”组织中党组织难组建，即便通过做工作组建起党组织来，但由于部分“两新”组织负责人没有从根本上转变对党建工作的认识，对党组织开展活动不支持、不响应，使党组织流于形式，难以发挥作用。“两新”组织负责人对党建工作的思想偏差，导致了在全市范围内提高“两新”组织党组织覆盖率难度大。

2.“两新”党组织对规避企业生产风险的能力不足。“两新”党组织有效参与企业重大决策、生产运营的机会较少，党组织的管理热情未被激发，久而久之容易降低对自身能力素质提升的要求，党组织对企业生产、市场环境风险预估的能力不足，在遇到实际问题时，党组织不能及时有效应对和妥善处理，使企业主对“两新”党组织不够重视。

第七章

高质量推进百色市“两新”组织党建工作路径

党的基层组织建设工作中，“两新”是党建工作中新的研究课题。在党建工作中，这也是一个薄弱环节。百色市“两新”组织党建工作已经获得了一定的成果，但是，依然处于探索阶段，还有更多的任务需要完成，这需要加强“两新”组织党建工作的重视，厘清“两新”组织党建工作思路，对“两新”组织党建工作进行探索，为党建工作创建新的“两新”组织，促进党建工作更好的发展。

一、夯实红色铸魂根基，助推“两新”组织高质量发展

党的十八大以来，习近平总书记站在全局和战略高度，持续关心关注非公有制经济健康发展和民营企业家健康成长，习近平总书记在多个场合阐述了党关于坚持和完善基本经济制度的理论观点与政策主张，强调公有制经济和非公有制经济都是社会主义市场经济的重要组成部分，都是我国经济社会发展的重要基础。2022 年 7 月，习近平总书记在中央统战工作会议上发表重要讲话中指出，“要促进非公有制经济健康发展和非公有制经济人士健康成长，深入开展理想信念教育和社会主义核心价值观教育，帮助他们践行新发展理念，弘扬企业家精神，做合格的中国特色社会主义事

业建设者”①。这为非公有制经济健康发展廓清了迷雾，极大鼓舞了民营企业的创业创新热情，非公党建要发挥实质作用，把党的政治优势转化为企业发展优势。

（一）夯实红色根基，提高“两新”党建政治引领

1. 以红色传奇为抓手，握准“两新”党建政治方向。把党的政治建设摆在首位，是对政治建设这一党的根本性建设深刻认识基础上的一种政治自觉。要将政治引领渗透“两新”党建全方位，紧扣高质量发展主题，开展红色传奇进“两新”组织系列行动，赓续红色血脉，夯实“两新”组织红色根基，积极拓展“两新”工作的内涵，依托于百色红色文化研究推进“两新”党建理论研究的深入，组织“两新”组织党员常态化开展“百色红色档案”“百色红色文物故事”“百色红色课堂”“百色革命文物小讲堂”“百色革命文物天天讲”等活动，把“两新”组织干部群众凝聚起来，切实把好前进方向、走稳发展道路。不断扩大“两个覆盖”，坚持“把支部建在楼宇上”，紧盯“两新”组织存在的“边角边缘”“空壳空心”等问题，实行“属地单建、行业统建、区域联建、挂靠组建”等方式，不断延伸“红色商业圈”、延长“红色服务链”，并同步配套队伍建设、经费保障和政策支持，织密领导架构和组织覆盖“两个网络”，推动“两新”党组织从有形覆盖到有效覆盖转变。

2. 建新“红色引擎”，凝聚前进强大力量。助推发展是“两新”党组织的“第一要务”。要发挥比较优势，结合“两新”组织资源富、人才广、办法多等特点，找准“两新”组织与地区发展的切入点，通过打造“一支部一品牌”，发挥“两新”组织抓党建出硬实力、出竞争力、出生产力的作用，切实把“两新”组织的行业优势、专业优势、人才优势，转

① 习近平．促进海内外中华儿女团结奋斗，为中华民族伟大复兴汇聚伟力［N］．人民日报，2022-07-31（1）．

化为地区发展优势。要深化改革思维，结合百色边境地区疫情防控常态化带来的新变化，聚焦新基建、新消费、新业态，把“两新”党建工作与优化营商环境相结合，加强政务服务体系建设，加快推进“一网通办”，实现网上直办、就近能办、同城通办，打造高效服务企业的好环境，努力在危机中育先机、于变局中开新局。

3. 建新“红色纽带”，形成治理强大合力。参与治理是“两新”党组织的重要职能。要更新工作理念，强化“两新”党组织社会责任意识，坚持上下联动“一盘棋”，变各自为战、封闭运行为条块结合、互联互动，进一步整合多方资源、统一多方力量，打破不同行业、不同领域之间的“壁垒”，形成党建引领、多方参与的工作格局。要创新工作机制，推广“两新”组织党建联席会议制度，加强协商研判，了解基层诉求，拓宽工作思路，增强治理力量，统筹抓好垃圾分类、物业管理等“关键小事”，搭建起“两新”组织参与边境地区社会治理的桥梁，推动形成共建、共治、共享的边境地区基层社会治理体系。

（二）以“红色”为引擎，激发“两新”组织活力

切实发挥好党组织在非公企业和社会组织中的政治核心作用，需要以“边关党旗红”行动为契机，以“红色细胞”织密组织网络、“红色动能”服务中心大局、“红色担当”发挥示范作用，切实将党组织活动与企业生产经营和社会组织发展紧密结合，以党建引领“两新”组织高质量发展。

1. 激活“红色细胞”，织密组织网络。持续提升“两新”领域党的组织和工作覆盖质量，各级非公工委联合多部门同各个小区成立“红色物业”专班，全面摸清物业底数、党员人数、企业运行等情况，对入统物业企业要进行党建工作全覆盖。加强对新业态、新就业群体进行深入摸排，建立健全新业态、新就业群体党建工作台账，并选派党建工作指导员，实现党的工作全覆盖。针对“红色物业”和新业态、新就业群体的工作方

式、活动半径、就近灵活的优势，引导“红色物业”与新就业群体有序参与基层治理和行业治理，在平安建设、文明城市创建等工作中发挥积极作用，将“两新”组织党建融入新时代“大党建”工作格局。

2. 激发“红色动能”，服务中心大局。可探索深入开展“万企兴万村”“社会组织跟党走”活动，积极引导“两新”组织在巩固拓展脱贫攻坚成果同乡村振兴等重大任务中履行社会责任，发挥职能作用，贡献“新”力量。组织协调非公企业通过公益帮扶、就业帮扶、技能帮扶和消费扶贫等形式，巩固拓展脱贫攻坚成果。据统计，2021 年以来，百色市共有 838 家民营企业（商会）与 820 个帮扶村签订村企共建协议，并相继开展 372 次“万企兴万村”调研帮扶活动，涉及乡村振兴项目 232 个，投资总额约 60 亿元。

3. 激励“红色担当”，发挥示范作用。百色市创建“一院两中心”(百色“两新”组织党建学院和“两新”组织党群服务中心、“两新”组织发展研究中心)，打造“三厅一馆一间一廊一室一站”服务平台，为非公企业、社会组织和社区提供政策咨询服务 806 次，协调解决招工用工、融资贷款等困难问题 29 件，5 个月来迎来全国各地参观学习人员 1.6 万人次。律师、快递物流、互联网、民营医疗机构、商会等行业党组织积极开展各种志愿服务、捐款捐物活动，提供法律咨询 1464 人次，办实事好事 1913 件，捐款捐物 466.7 万元，惠及群众 31 万人次。靖西市成功承办全区“我为家乡代言”电商大集活动，线上线下销售芒果、砂糖橘等大宗农特产品 1500 多万件，带动群众增收 3 亿多元。落实《百色市抓党建促民营企业发展九条措施》成效明显，及时帮助企业解决税费、融资、用地、水电、用工等实际问题 1200 多件，为民营企业解决融资贷款 2.8 亿元，另为 63 家民营企业减轻大工业用电负担 6508 万元，为 12 家冷链物流公司减轻农产品冷链物流冷库用电负担 110.8 万元。此外，还可通过打造“学习型班组”“创新性班组”，在生产一线设立党员示范岗，积极组织开展

“强技能、践初心、添光彩”技能比武大赛，营造了“学习业务典型、争做技能标兵”的浓厚氛围，让优秀党员给员工树立榜样，真正做到了“一个支部就是一个堡垒，一个党员就是一面旗帜”。

（三）挖掘红色资源，激活“两新”组织发展“红色动能”

围绕非公经济和社会组织“党建强、发展强”目标，挖掘红色资源，激活“两新”组织发展“红色动能”，推动党建与生产经营同频共振，大力实施“红色课堂”“红色覆盖”“红色阵地”“红色引领”等红色工程，让党旗在“两新”领域高高飘扬，推动非公有制经济组织和社会组织党建工作创新提质。

1. 构建“红色课堂”，入脑入心强根基。坚持把党的政治建设作为推进“两新”组织党建的首要任务，建立落实逢会必学制度，依托“三会一课”、主题党日等活动，采取书记带头引导学习、党建指导员辅导学、党员交流研讨学等模式，认真学习党的十九大和十九届二中、三中、四中、五中、六中全会精神及习近平总书记关于非公有制经济领域统战工作的重要论述，教育引导“两新”组织党员自觉在思想上、政治上、行动上同以习近平同志为核心的党中央保持高度一致，不断增强“四个意识”、坚定“四个自信”、做到“两个维护”。深入开展党史学习教育，教育引导“两新”组织党员学史明理、学史增信、学史崇德、学史力行，打牢坚定不移跟党走的思想基础。

2. 推进“红色覆盖”，聚焦引领建组织。把扩大党的组织覆盖作为“两新”组织党建工作的重中之重，按照“五个清”的要求，对“两新”组织党建工作情况进行全面排查分析，建立“两新”党组织基本情况台账、党员基本情况台账、纳入组建党组织法人企业台账，坚持“‘两新’组织发展到哪里，党的组织建设就跟进到哪里”和“应建尽建”工作要求，对符合组建条件的非公企业和社会组织按照行业相近、地域相邻、产业相关的组建原则，采取单独组建、联合组建、挂靠组建、依托组建、同业共建等方式，组建党组织，不断提高党组织覆盖率，按照“一人一企”或“一人多企”的模式，对暂不具备建立党组织条件的“两新”组织，加大党建指导员的选派力度，实现应派尽派。

3. 打造“红色阵地”，达标创建促规范。认真贯彻落实《中国共产党支部工作条例（试行）》《党支部标准化建设工作手册》，常态化组织开展学标、对标、达标行动，常态化开展党支部标准化建设“回头看”工作，围绕“有组织、有队伍、有阵地、有活动、有保障、有效果”的“六有”目标，采取边开展、边比照、边整改、边规范的方式，对标准化工作实行痕迹化、纪实化管理，坚持将支部建设抓在经常、融入日常；深入开展组织找党员、党员找组织、党员找党员“三找”活动，深化拓展“三岗联创”活动，有效破解了“两新”党组织覆盖率低、党员失联、党组织软弱涣散和党员作用发挥不明显等问题。

4. 强化“红色引领”，知行合一提质效。按照“围绕发展抓党建、抓好党建促发展”要求，坚持把党的建设和经营发展同步谋划、党的工作和企业中心工作同步开展，全面开展党的阵地挂党旗、全体党员戴党徽、政治生日送贺卡、党的节日送温暖活动，通过创建党员责任岗、示范岗、先锋岗，引导党员主动亮身份、亮职责、亮承诺，带头搞研发、领项目、拓市场，率先做破解难题的突击队和创业创新的急先锋。深入开展攻坚克难助企发展、我为企业献一策、岗位技能比武、劳动竞赛等活动，引导党员把示范树立在本职岗位上，作用发挥在生产一线上。

二、强化机制制度供给，激发“两新”组织内生动力

党的十八大以来，中共中央办公厅印发《关于加强和改进非公有制企业党的建设工作的意见（试行）》《关于加强社会组织党的建设工作的意见（试行）》等文件，对“两新”组织党建工作进行部署，但有的“两

新”组织对党建工作存在理解和认识误区：一些“两新”党组织的政治生活开展不够规范，党员示范作用发挥不到位；部分“两新”组织现有的党建工作方式比较单一，分类施策的意识不够强，无法满足多样化和差异化的需求；“两新”组织人才流动相对比较频繁，党员队伍稳定性不高，存在分布范围广、去向难掌握、集中联系难等现实问题。

（一）统筹协调，推进“两新”组织党建工作体系化

1. 着力统筹协调，建立全流程、全覆盖的党建工作体系。其一是坚持“两新”组织发展与党组织新建同步，提高规模以上企业党组织组建率，实现党组织应建尽建全覆盖。其二是加大在生产一线骨干中发展党员的力度，全面实现50人以上的“两新”组织都有党员。要把高学历、高职称、高级管理人才和生产一线懂技术、懂管理、懂经营的优秀人才作为重点培养对象，着力优化党员结构和质量。其三是针对“两新”组织覆盖广、类型多、流动快的特点，灵活设置党组织，特别要把小微企业纳入管理，推动“两新”党组织应建尽建。

2. 构建立体化党员联系服务群众网格体系。在农村，纵向上，村“两委”干部、党小组组长、党员、农户自上而下、逐级联动；横向上，根据各村实际情况，结合街道分布、党小组划分等，一般每名党员联系10户左右群众，同时吸收入党积极分子、村民代表、志愿者等，充实网格力量，确保党员联系服务群众全覆盖。在社区，参照农村网格建设，构建覆盖社区“两委”干部、物业经理、党员、居民的网格体系，在全区构建纵横交错、协调联动的服务联系群众一张网，最大限度地推动管理和服务向末端延伸，打通联系服务群众“最后一米”。

3. 压实责任健全体系释放“外溢效应”。可尝试制定非公有制经济组织和社会组织党工委成员包联重点非公企业和社会组织及新业态、新就业群体台账，明确重点任务，压实工作责任，强化跟踪督导，采取“一对

多"的方式，对非公企业和社会组织及新业态、新就业群体进行针对性包联指导，扎实做好思想政治教育、政策理论宣讲、党组织作用发挥、发展培养党员、培树典型示范的工作。聚焦公益服务，借助外卖、快递"小哥"机动灵活、分布广泛的特点，参与文明城市创建宣传；借助互联网企业实时便捷、传播高效的优势，在土特产销售、信息发布等方面主动发力；在出租车行业开展"高考护航行"等活动，积极引导新业态、新就业群体党组织、党员发挥行业优势，参与社会志愿服务，推动新业态、新就业群体在基层治理中发挥作用。

（二）健全制度，推进"两新"组织党建工作制度化

1. 建立"两新"组织党建工作责任制。"两新"组织党建各部门和各级相关负责人要明确工作职责。上级党组织要紧密结合本辖区"两新"组织实际状况，制订一年一度的党建工作计划。"两新"组织要紧密结合中央的理论学习任务和上级党组织提出的党建任务，制定相应的"三会一课"学习内容和学习任务，量身定做各自的学习台账，用党的最新理论成果指导党建工作，推进"两新"组织党建工作稳步健康发展。"两新"组织中的党员领导干部，尤其要严格要求自己，时时刻刻坚持以身作则，以良好的典型示范作用引领广大党员职工凝心聚力，齐心协力搞好"两新"组织业务工作，以良好的业绩证明党建工作的重要价值。

2. 加强质量管理，打造规范化、标准化的党建工作机制。标准化建设是保证党建工作质量的"生命线"。在实践探索中，应以推进党建工作标准化建设为契机，进一步提升"两新"组织党建工作的规范化水平。一是规范标准设定，细化各项考核指标，推动党建工作从"结果导向"向"过程导向"转变；二是健全培育机制，因地制宜对"两新"组织的党组织分类管理，建立健全"三会一课"、服务党员、结对共建等党内政治生活和工作制度；三是优化考核评估，将考核评估情况与党委考核、党组织书记

和党建工作指导员年终评先评优等挂钩，提高“两新”组织党建工作的激励效果。

3. 建立精准选派规范管理制度，确保“指导有力”。探索建立选派制度常态化，将热爱党建工作、熟悉党建业务、有一定政策理论水平和基层工作经验，特别是有专业特长的干部，选派深入企业（组织）担任党建工作指导员，突出“互动式”选派方式，按照单位推荐、双向选择、动态管理、择优续任的原则，推动精准选派。结合新业态、新就业群体规模小、党员人数少的实际，采取派驻帮建、行业联建、党群同建及设立流动党支部等方式联合组建党组织，专门选派党建指导员深入“两新”企业，常态化入企入社参与“三会一课”等重要活动，强化党建“嵌入”，及时有效开展情况反馈和质量互评，保证党建指导员精准履职，帮助提升工作质量，助推健康发展，推进选派制度化、常态化。

三、加强党组织队伍建设，增强组织凝聚力

打造高水平的工作人员队伍，是提高“两新”组织党建工作成效的基础。地方各级党组织和相关部门，要通过不同渠道，采用多种方式，广开贤路、广纳人才，挖掘、培养、造就一大批专、兼职结合的党务人才队伍，更好地增强“两新”党组织的活力，为扎实开展“两新”组织党建工作构筑坚实的人才基础。

（一）优化党员队伍结构，提高党员队伍的整体素质，更好地发挥党员的先锋模范作用

一方面，建立党员与业主对话交流平台。打破“任命式”的党务工作者的选拔方式，让更多的优秀党员进入“两新”党组织或者管理层，打通基层党员的上升通道，将有理想、有抱负、学术性、管理型、业务能力强的优秀青年党员纳入党组织中，依托党建平台，培养一支党建精英人才队

伍。另一方面，可以按照“公开招聘、合同管理、职业化”的原则从社会上招聘优秀的党员工作者来完善“两新”组织党员队伍建设。上级党委也可以委派党建人才来“两新”组织开展党建工作指导，协助“两新”党组织开展党务工作，发挥好带头示范的作用。针对“两新”组织党员流动大的问题，上级党委也应该适度加强“两新”组织党员干部后补队伍建设，防止出现因为党员流动性强而导致“两新”党组织运转困难的局面。另外，要重视积极分子的培养工作，做好党员的发展工作，制订“两新”组织积极分子培养计划，把“两新”组织中优秀的人才培养成党员，不断为党组织输送新鲜的血液，增强党员队伍的生机和活力。

（二）加强党员的教育管理

加强“两新”组织党员的教育管理是党建工作中必不可少的关键环节。“两新”组织党员流动性强、管理难度大，因此很容易忽略对党员的教育管理。因此，加强党员的教育管理是党组织要解决的一个重要问题。首先，要建立完善的党员信息库。建立详细完备的党员信息数据库，及时掌握党员的联系方式、受教育情况、党组织活动参与情况等，根据情况制定党员身份码，方便流动党员随时参与党建学习与活动，党组织要多关心流动党员，通过走访、谈话、电话等方式了解其思想状况，及时向其沟通交流，做好开展思想教育工作的准备，邀请党员积极参与。其次，对“两新”组织党员灵活开展教育活动。通过定期或者不定期的学习培训，鼓励党员积极参加教育培训学习，夯实理论基础的同时让党员将党建思维融入具体的工作之中，结合“两新”组织发展的特色，注重提高自身的业务能力。对于无法参与线下或者实体活动的流动党员，充分利用互联网技术，利用微信小程序、App 等新媒体形式对党员进行教育管理，让流动党员也有归属感，并且随时随地可以学习到党建方面的知识。最后，做好对党员学习教育的监督管理。党组织可以采取多种方式对党员的学习、教育情况进行检查、监督。例如，通过开展党组织生活会、单独谈话等形式，让党员经常开展批评与自我批评，定期向党组织报告自己的学习、生活、工作等情况，党组织根据党员的表现开展党员考核工作，以此来提高党员学习的自觉性，增强党组织对党员教育管理的实效性。

四、不断强化党的意识和组织观念，创新活动形式

（一）创新党建工作理念，提升服务水平

强化“两新”组织党建工作的服务理念。习近平总书记指出：“要推动城市治理的重心和配套资源向街道社区下沉，聚焦基层党建、城市管理、社区治理和公共服务等主责主业，整合审批、服务、执法等方面力量，面向区域内群众开展服务。”① 服务是“两新”组织党建工作的根本。认真践行党的宗旨、全面贯彻落实科学发展观是“两新”党组织的重要职责。凡是凝聚力、吸引力、战斗力强的“两新”党组织，都非常注意把党员置身于群众之中，不断强化服务意识；都非常注意在活动中体现服务内涵，在服务中展现先进分子的作为，使“两新”党组织真正成为服务企业的热心人、维护权益的贴心人、发展经济的有心人。离开了服务，党组织就难以开展工作；离开了服务，就难以展示应有的作为和体现固有的先进性。因此，要积极主动地关心“两新”组织从业人员的所思所想所求，想方设法帮助他们解决工作和生活中遇到的实际困难问题，不断拓展服务领域，创新服务形式，丰富服务内容，整合服务资源，不断满足他们多样化、个性化需求，以增强党组织的凝聚力和感召力。一些“两新”党组织开展了“展示身份、展示作用、展示形象和服务员工、服务企业、服务社会”的“三展示三服务”活动，产生了广泛而积极的影响，有效发挥了党

① 中共中央党史和文献研究院．习近平关于城市工作论述摘编［M］．北京：中央文献出版社，2023：157.

组织及党员作用，带动和提高了员工队伍素质，促进了“两新”组织发展，赢得了企业主的肯定和员工的赞誉。

（二）创新党建活动形式激发基层党建活力

1. 创新活动形式，为发挥“两新”组织党员的先锋模范作用搭建平台。党员先锋模范作用的发挥，一方面有赖于党员的自觉；另一方面有赖于党组织通过开展丰富多样的活动，为党员发挥作用搭建广阔的平台。围绕中心开展活动是“两新”党组织发挥作用的根本途径。党组织只有围绕“两新”组织的生产经营开展活动，才能使党的工作充满活力。一是要突出服务性。坚持党建工作服务于生产经营，从生产经营的实际需要出发，采取直接参与、间接参与相结合的方式，实现目标同向、行动同步，形成工作合力；把解决党内自身问题与解决生产经营方面问题结合起来，既使党员和员工受到教育，又能促进“两新”组织发展。二是要突出实效性。要充分挖掘和利用“两新”组织的人力、物力资源，建立健全党建工作的教育、宣传活动阵地，把“两新”组织中分散的党员个体凝聚成党的组织群体，充分发挥党员的先锋模范作用，使之成为“两新”组织建设的重要力量，影响和带动群众增强对“两新”组织的责任感、使命感，形成“生活在‘两新’组织、关心‘两新’组织、建设‘两新’组织”的良好氛围，巩固和扩大党在“两新”组织中的群众基础。三是要突出灵活性。党组织在“两新”组织重大决策前召开会议，让党员先知道，让党员提出对“两新”组织决策的意见和建议，由党员行政领导把党组织的意图带到“两新”组织决策层，发挥党组织和党员在决策中的引导作用；坚持开展思想政治工作与搞好生产经营相结合，当“两新”组织遇到重大问题时，党组织要及时出面帮助“两新”组织化解矛盾，为企业排忧解难，增强党组织的影响力。

2. 创造性地开展形式多样、丰富多彩的党建活动。“两新”组织是伴随改革开放应运而生的党建工作新领域，我们在工作中不能搞“一刀切”，要切忌形成单一僵化的党建模式，应根据地域、行业、企业或社会团体的现状和特点，积极探索党在“两新”组织中发挥作用的具体途径，采取灵活多样的方法，有效地开展党建活动，增强党组织在“两新”组织中的吸引力、内聚力和影响力。在活动内容上，要围绕增强党建工作的针对性和实效性，积极寻找党建活动与企业生产经营的结合点、职工思想中的疑点和生活中的热点来开展党建活动，使党组织的活动为“两新”组织所需要，为企业主所理解，为党员所拥护，为员工所欢迎。在活动时间上，可坚持脱产与业余相结合，以业余时间为主，根据生产规律与职工从业特点，充分利用生产淡季、班前、班后节假日、休息日来开展活动，做到组织活动和生产经营活动两不误、两促进。在活动方式上，适应党员活动空间流动性大的特点，注重寓教于乐，借助有效载体，以分散、小型为主。在“两新”组织中由于党组织在法人治理结构中的地位目前还没有制度性的安排，通过“两新”组织中不同岗位上党员作用的充分发挥、通过党员的“有为”来体现党组织的“有位”，是增强工作有效性的基本路径。通过开展“比、学、赶、帮、超”技能竞赛、“两高一好”“双增双节”等卓有成效的活动，充分发挥党员的先锋模范作用，影响和带动广大员工取得好业绩。采取宣传报道、召开会议、现场参观、表彰奖励等多种形式，及时推广典型经验和先进事迹，努力掀起学先进、争先进、赶先进的热潮，形成浓厚的工作氛围，带动整体工作向前发展。积极组织员工开展各种喜闻乐见、形式多样、健康有益的文体活动，陶冶员工的思想情操，大力营造积极向上、奋发有为的企业文化氛围，丰富员工的文化生活，增强“两新”党组织的内聚力。

五、不断增强党组织的吸引力和影响力，发挥战斗堡垒作用

促进“两新”党组织健康发展，是“两新”组织基层党建工作目标

达成的原动力所在。而“两新”组织和党员对党组织发展的内在需求则是推进“两新”组织党建工作的动力与源泉。

（一）扩大党组织吸引力，探索党建工作融合新路径

1. 发挥党的领导核心作用。首先，扩大和增强党组织的吸引力及影响力，使“两新”组织党建从“要我建”向“我要建”转变，是开发党建基层工作动力运行机制的首要任务。为了进一步增强“两新”基层党组织的吸引力，可创新性地将百色起义精神、黄文秀先进事迹等本地红色文化资源融入“两新”组织建设，调动“两新”组织党员参与党组织活动的积极性。其次，在实际工作中，百色各级党委须紧密结合“两新”组织发展实际，按照党章规定探索建立健全贯彻党的要求、体现党员需求、符合群众期待的“两新”党内组织生活制度。再次，要充分肯定“两新”基层党员的主体性、发挥他们服务群众的能力，切实提升党员参与党组织生活的积极性，搭建党员发挥先锋模范作用的平台，才能增强党组织生活的影响力。最后，就是要通过加强宣传引导，向职工群众和党员积极宣传党的各项路线方针政策、政治主张以及改革开放以来的巨大成就，进行社会主义思想和共产主义理想的教育，切实加强他们的思想政治教育工作，同时大力宣传先进典型，努力营造政治向上和进取向上的社会环境，这样才能不断增强普通群众和“两新”组织内部党员向党组织靠拢的积极性、主动性，使基层党组织的战斗堡垒作用全面发挥。

2. 支持主动作为，搭建融入式、互动式的党建工作平台，积极探索党建工作融合新路径。一是推动交叉任职，推动“两新”组织负责人兼任党组织书记，着力配优配强党组织班子，有效保证党组织参与“两新”组织管理；二是推动融合管理，建立党组织与管理层双向互动工作机制，从会议活动安排、计划预算编制等方面，推动党建工作与“两新”组织日常经营活动的深度融合；三是推动队伍互通，按照“在员工中发展党员，在党

员中选拔干部”的原则，将“两新”组织骨干员工作为党员重点发展对象，引导党员职工在生产经营中主动亮出身份，发挥先锋模范作用；四是提升党建工作者的数字应用能力，通过数字化手段引导“两新”组织党员群众开展党的理论知识学习与宣传教育，真正让党的政策理论“飞入寻常百姓家”。

（二）坚持党建引领，推动企业党建与企业发展深度融合

1. 整合力量：变“单兵作战”为“多方联动”。摒弃组织部门唱独角戏的路数，凝聚力量、合力攻坚，推动各项创建任务达效。一是激活企业内部力量。组织召开创建培训会、交流推进会，发放宣传册，推动企业业主、党员和职工对创建工作从理念到行动上形成共识。持续开展企业党建集中排查行动，推行党员先锋指数考评，引导企业党组织和党员围绕目标主动聚力攻坚。二是强化外部资源“链接”。发挥市“两新”党建咨询研究会智库作用，选聘专职“两新”党务工作者，选派党务“红领”驻企指导服务。三是发挥群团组织作用。强化党建带群建，推进党建带工建“四带五联”、党建带团建“百日会战”，集中群团优势资源开展创建。推行企业党群一体化工作模式，调动群团力量配合党组织专项推进，通过建言献策、岗位竞赛、技能比武等活动，团结凝聚各类群体参与创建。

2. 集成保障：变“短期刺激”为“长效激励”。出台非公有制企业惠企政策清单，构建“礼遇+奖补+服务”政策机制，激活创建动力。一是提升政治礼遇。明确对“党建强、发展强”的非公有制企业业主和党务工作者，优先安排列席党内重要活动、选派参加学习培训、挂职培养和推先评优。对特级资格企业党组织书记给予“英才卡”礼遇优待，扶持优秀企业党务工作者创建以个人名义命名的党建工作室。二是奖补真金白银。持续加大经费奖补力度，设立企业党员培训经费补助、创建引导金等奖励项目，结合创建验收评估，对企业党组织获奖项目给予奖励。三是优化服务

举措。在助力人才集聚方面，优先推介政产学研合作项目，享受企业人才"一站式"线下服务，在居住地区保障等；在支持就业稳岗方面，优先配备就业服务专员，提供免费"一对一"劳动用工法律体检等服务；在金融信贷服务方面，协调银行给予金融信贷政策倾斜和利率定价优惠，享受企业上市绿色通道等服务，着力构建党建稳企、惠企、兴企的良好格局。

结　语

随着社会主义市场经济的不断发展与社会结构的不断调整，“两新”组织已经成为社会新生力量与庞大的阶层，发展规模越来越大，速度越来越快，在不同领域、行业都有其身影。蓬勃发展的“两新”组织不仅吸纳了越来越多的员工群众，而且会聚了大量从事高精尖新产业的高级知识分子、海归，形成了包括受聘于民营企业和外资企业的管理人员与技术人员、社会组织从业人员、自由职业人员及新媒体从业人员在内的新社会阶层。他们都是中国特色社会主义事业的建设者。“两新”组织的党组织是党和政府与“两新”组织之间联系的重要桥梁，有助于“两新”组织优化外部发展环境。随着全面深化改革不断推进，我们国家已经形成了鼓励、支持、引导“两新”组织发展的政策体系，“两新”组织发展面临前所未有的良好政策环境和社会氛围。但是，仍存在一些问题：市场准入限制仍然较多，政策执行中大量存在“玻璃门”“弹簧门”“旋转门”现象，一些政府部门为民营企业办事效率不高等。在新的时代条件下，如何进一步加强“两新”组织党建工作是基层党建面临的重大课题，也是推进我国党建的关键所在。本书主要以百色市“两新”组织党建为研究对象，梳理“两新”组织从产生到发展的过程，厘清“两新”组织党建工作任务及发展过程瓶颈以及高质量推进党建引领“两新”组织健康发展路径。本书借鉴吸纳了很多学者的研究成果和经验，有些未能一一列举，在此表示由衷的敬意与歉意。由于本书撰写团队能力水平有限，对有些涉及其他专业的知识不够了解，书中难免有不足、理解不到位的地方，今后仍需要不断扩大研究范围，深入学习，展开对比性研究，结合理论与实践，科学准确地把握"两新"组织党建工作的一般规律。当然，本书对"两新"组织党建研究，也仅仅是一种尝试，一家之言，毕竟"两新"组织党建是一项十分复杂的系统，仅凭本书团队之研究水平是无法完全驾驭的，在以后的研究中笔者将会持续对这一问题进行跟踪并深入研究。

参考文献

中文专著

[1] 中共中央马克思恩斯列宁斯大林著作编译局．马克思恩格斯文集：第 1 卷 [M]．北京：人民出版社，2009.

[2] 中共中央马克思恩斯列宁斯大林著作编译局．马克思恩格斯文集：第 2 卷 [M]．北京：人民出版社，2009.

[3] 中共中央马克思恩斯列宁斯大林著作编译局．马克思恩格斯文集：第 3 卷 [M]．北京：人民出版社，2009.

[4] 中共中央马克思恩斯列宁斯大林著作编译局．马克思恩格斯文集：第 4 卷 [M]．北京：人民出版社，2009.

[5] 中共中央马克思恩斯列宁斯大林著作编译局．列宁选集：第 3 卷 [M]．北京：人民出版社，2012.

[6] 中共中央马克思恩斯列宁斯大林著作编译局．列宁选集：第 4 卷 [M]．北京：人民出版社，1995.

[7] 中共中央马克思恩斯列宁斯大林著作编译局．列宁全集：第 43 卷 [M]．北京：人民出版社，1987.

[8] 安徽大学《列宁文稿》翻译组．列宁文稿：第 4 卷 [M]．北京：人民出版社，1978.

[9] 毛泽东．毛泽东选集：第 1 卷 [M]．北京：人民出版社，1991.

［10］毛泽东．毛泽东选集：第2卷［M］．北京：人民出版社，1991.

［11］毛泽东．毛泽东选集：第3卷［M］．北京：人民出版社，1991.

［12］毛泽东．毛泽东选集：第4卷［M］．北京：人民出版社，1991.

［13］邓小平．邓小平文选：第1卷［M］．北京：人民出版社，1994.

［14］邓小平．邓小平文选：第2卷［M］．北京：人民出版社，1994.

［15］邓小平．邓小平文选：第3卷［M］．北京：人民出版社，1993.

［16］中央纪委办公厅．邓小平论党风廉政建设和反腐败［M］．北京：中国方正出版社，1998.

［17］江泽民．江泽民文选：第1卷［M］．北京：人民出版社，2006.

［18］江泽民．江泽民文选：第2卷［M］．北京：人民出版社，2006.

［19］江泽民．江泽民文选：第3卷［M］．北京：人民出版社，2006.

［20］习近平．习近平谈治国理政：第1卷［M］．北京：外文出版社，2014.

［21］习近平．习近平谈治国理政：第2卷［M］．北京：外文出版社，2017.

［22］习近平．习近平谈治国理政：第3卷［M］．北京：外文出版社，2020.

［23］习近平．习近平谈治国理政：第4卷［M］．北京：外文出版社，2022.

［24］习近平．习近平总书记系列重要讲话读本［M］．北京：人民出版社，2014.

［25］中共中央文献研究室．十八大以来重要文献选编：上［M］．北京：中央文献出版社，2014.

［26］中共中央文献研究室．十八大以来重要文献选编：中［M］．北京：中央文献出版社，2016.

［27］中共中央文献研究室．十八大以来重要文献选编：下［M］．北

京：中央文献出版社，2018.

［28］中共中央文献研究室．十九大以来重要文献选编：上［M］．北京：中央文献出版社，2019.

［29］中共中央文献研究室．习近平总书记重要讲话文章选编［M］．北京：中央文献出版社，2016.

［30］中共中央宣传部．习近平新时代中国特色社会主义思想三十讲［M］．北京：学习出版社，2018.

［31］习近平．在全国组织工作会议上的讲话（2018年7月3日）［M］．北京：人民出版社，2018.

［32］滕尼斯．共同体与社会［M］．林荣远，译．北京：商务印书馆，1999：17-18.

［33］苏景辉．工业社会工作［M］．台北：桂冠图书股份有限公司，1989.

［34］谢鸿钧．工业社会工作实务：员工协助方案［M］．台北：桂冠图书股份有限公司，1996.

［35］钱宁．工业社会工作［M］．北京：工业社会工作，2009.

［36］艾伦·胡特．英国工会运动简史［M］．蔡汉敖，译．北京：世界知识出版社，1954.

［37］王思斌．社会工作概论［M］．北京：高等教育出版社，2006.

［38］李培荣．工会学［M］．北京：北京航空航天大学出版社，1990.

［39］王名，刘国翰，何建宇．中国社会团体从政府选择到社会选择［M］．北京：社会科学文献出版社，2001.

中文期刊

［1］中共中央党史和文献研究室．中央党校校刊社课题组．新时期加强“两新”组织党建工作的调查与思考：从上海嘉定区“两新”组织党

建实践看“两新”组织党建工作创新与发展［J］. 理论前沿，2007（18）.

［2］顾建键. 党建新领域的开拓与执政能力的提升：略论中国共产党在“两新”组织党建工作的创新［J］. 理论探讨，2005（2）.

［3］王辉.“两新”组织党建工作：困境及路径［J］. 求实，2010（6）.

［4］胡兰. 一手抓发展，一手抓党建让“两新”组织在高新区生根开花：科技部党组成员、科技日报社社长张景安谈高新区的党建工作［J］. 中国高新区，2009（11）.

［5］黄建国.“四种眼光”对“两新”组织党建工作的启示［J］. 新重庆，2008（5）.

［6］中共无锡市委. 着力开创“两新”党建工作新局面［J］. 群众，2008（5）.

［7］冯小敏. 增强“两新”组织党建工作的有效性［J］. 党政论坛，2009（10）.

［8］何海兵.“两新”组织党的群众工作面临的问题与对策［J］. 上海党史与党建，2007（6）.

［9］杨小斌. 创新“两新”组织党建工作的实践与探索［J］. 改革与开放，2011（6）.

［10］冉隆松. 着力增强“两新”组织党建工作实效［J］. 党建研究，2008（5）.

［11］习近平在中央政治局第二十一次集体学习时强调贯彻落实好新时代党的组织路线不断把党建设得更加坚强有力［J］. 旗帜，2020（07）.

［12］大力加强社会组织党建工作：中组部负责人就《关于加强社会组织党的建设工作的意见（试行）》答记者问［J］. 中国社会组织，2015

（19）.

［13］杜玉华．加强新时代“两新”组织党建工作［J］．红旗文稿，2018（5）.

［14］中共北京市委关于贯彻十四届四中全会《关于加强党的建设几个重大问题的决定》的意见［J］．北京支部生活，1994（11）.

［15］进一步加强民间组织管理工作［J］．红旗文稿，1999（24）.

［16］薛小荣．对新时代提升“两新”组织党建组织力的新思考［J］．毛泽东邓小平理论研究，2017（12）.

中文报纸

［1］习近平．决胜全面建成小康社会夺取新时代中国特色社会主义伟大胜利：在中国共产党第十九次全国代表大会上的报告［N］．人民日报，2017-10-28（1）.

［2］中共江苏省委办公厅．关于营造更好发展环境支持民营企业改革发展的实施意见［N］．新华日报，2020-12-18（4）.

［3］虢剑波，李晖．把党对新兴领域的领导落到实处［N］．光明日报，2019-05-15（5）.

中文论文

［1］李博．新时代基层党组织组织力提升研究［D］．长春：东北师范大学，2019.

［2］李亚超．新时代提升基层党组织组织力研究［D］．成都：中共四川省委党校，2019.

［3］乌日吉木斯．非公有制企业党建工作存在的问题及对策研究［D］．长春：吉林农业大学，2017.

［4］刘洪利．新时期“两新”组织党建文化研究［D］．广州：华南

理工大学，2017.

[5] 郭佳佳．在“两新”组织中党建工作的推进及影响力研究 [D]. 天津：天津师范大学，2015.

[6] 杨天峰．基层政府治理中党的领导方式研究 [D]. 长春：东北师范大学，2018.

[7] 张闪．农村基层党支部组织力建设研究 [D]. 哈尔滨：黑龙江省社会科学院，2019.

后 记

最初写这本书的想法源自我在天津读博期间受那坡县委组织部邀请为那坡县“两新”组织党务人员培训之启发，也曾想把“两新”组织党建研究作为博士论文选题，但由于各种缘故未能实现，直至2021年我受聘兼任百色“两新”组织党建学院副院长后，撰写念头再次萌芽并愈加强烈，但仅凭我一人之力，不说能力，时间和精力也是难以完成的，为此我组建撰写团队，由我来负责统稿设定整本书框架并撰写第六、第七章，百色学院马克思主义学院黄东升副教授负责撰写第四、第五章，百色学院马克思主义学院徐诚、郭烁老师负责第一、第二、第三章的撰写任务。从选题到书的定稿，整整花了两年时间，如今得以如愿付梓，内心依旧忐忑不安，毕竟从事本选题研究于我们而言这是一个全新陌生的领域和巨大挑战，一手资料的搜集是本书最大的难题，可供参考的资料少之又少，加之实践经验不足，使我们无从下手，唯有抱着尝试心态，努力克服困难，搜集资料。从本书的正式动笔到初稿“出炉”，再到定稿，历经了6次大修改，这一过程不可谓不难。本书是我博士毕业返校工作后团队合作的成果，于我而言十分不易，更是得益于家人、师友、各级党委、政府的全力支持。在此，向所有给予我帮助的亲朋好友表示真诚的感谢。

首先要感谢的，是我的家人，感谢赋予我生命的父母亲，你们一生在田间劳作，却立志把我培养成为社会有用之人。当然，还有我的爱人邹馥霜及岳父岳母，你们是我坚强的后盾，在你们的悉心照料下，大女儿、小女儿茁壮健康成长，为我解决了后顾之忧，使我得以和团队安心写作，感谢你们任劳任怨、默默支持我前行。

其次要感谢的，是为本书提供研究资料的百色市各级党委、政府的支持，使本书有了翔实的资料，为本书顺利完成撰写任务提供了各种便利，使本书的内容更为扎实、更为深厚、更为客观。

最后要感谢的，是我的单位领导及我的朋友们，感谢百色学院党委副书记、马克思主义学院院长徐魁峰教授及马克思主义学院领导班子，感谢你们尽最大可能为本书写作提供便利，一路开绿灯。当然还要特别感谢同事李焕玲、莫家兰、王吉莉，感谢你们做的校对工作，使本书顺利交稿。

虽然完成本书撰写，我倾注了大量的精力，但由于自身水平所限，使得本书尚存在诸多不足，但这些不足和需要改进的地方正是我们下一步努力的方向，我将携手研究团队保持严谨治学的态度继续前行。

黄兴忠

2022年9月于百色